创新型大学生素质教育精品教材

互联网＋教育改革新理念教材

模拟职场　规划未来
——大学生职业生涯规划与就业指导

主编　秦福德　王卫民　刘　敏

内容提要

本书从实用的角度出发，系统地阐述了大学生职业生涯规划与就业指导的相关知识。全书共分八章，内容包括职业生涯认知、职业世界探索、职业生涯决策、职业能力提升、就业形势与政策、求职策略与方法、就业心理与就业观、角色适应与发展。

本书具有很强的实用性，可作为普通高等院校就业指导课程的教材。

图书在版编目（CIP）数据

模拟职场　规划未来 ： 大学生职业生涯规划与就业指导 / 秦福德，王卫民，刘敏主编. -- 上海 ： 上海交通大学出版社，2020（2023 重印）

ISBN 978-7-313-22433-0

Ⅰ. ①模… Ⅱ. ①秦… ②王… ③刘… Ⅲ. ①大学生－职业选择 Ⅳ. ①G647.38

中国版本图书馆 CIP 数据核字(2020)第 019471 号

模拟职场　规划未来——大学生职业生涯规划与就业指导

MONI ZHICHANG　GUIHUA WEILAI —— DAXUESHENG ZHIYE SHENGYA GUIHUA YU JIUYE ZHIDAO

主　　编：秦福德　王卫民　刘　敏

出版发行：上海交通大学出版社　　地　　址：上海市番禺路 951 号

邮政编码：200030　　电　　话：021-64071208

印　　制：三河市祥达印刷包装有限公司　　经　　销：全国新华书店

开　　本：787mm×1092mm　1/16　　印　　张：13.5

字　　数：299 千字

版　　次：2020 年 2 月第 1 版　　印　　次：2023 年 9 月第 4 次印刷

书　　号：ISBN 978-7-313-22433-0

定　　价：45.80 元

前言

PREFACE

近年来，随着我国高等教育由精英教育步入大众化教育，大学毕业生人数逐年增加。数据显示，2022 届高校毕业生人数共计 1 076 万人，预计 2023 年将达 1 158 万人。因此，大学生就业已成为社会关注的热点问题。

常言道："凡事预则立，不预则废。"对大学生来讲，做好自己的职业生涯规划和接受有效的就业指导是非常必要的。教育部、人力资源和社会保障部要求：高校要按照"全程化、全员化、信息化、专业化"的要求，进一步提升就业指导和服务水平，将就业指导课程切实纳入高校教学计划。根据这一要求，我们组织多年从事就业指导教学和实践的教师，共同编写了这本《大学生职业生涯规划与就业指导》。全书共分八章，内容包括职业生涯认知、职业世界探索、职业生涯决策、职业能力提升、就业形势与政策、求职策略与方法、就业心理与就业观、角色适应与发展。

编者在书中汇集了自己的教学经验，使教材具有很强的实用性，具体表现如下：

（1）素质教育，立德育人。

党的二十大报告指出："育人的根本在于立德。"本书有机融入党的二十大精神，秉承能力教育与素质教育同向同行的理念，将素质教育内容恰当地融入知识点和案例中，同时，添加了"素质目标""砥节砺行""榜样力量"等模块，以素质教育为核心，以实践精神和创新能力的培养为主线，潜移默化地引导与激励学生在未来的职业生涯中树立坚定的理想信念，培养良好的职业道德，成为一名有担当、有本领的社会主义建设者和接班人。

（2）校企合作，内容实用。

本书充分考虑了教育部颁发的《大学生职业发展与就业指导课程教学要求》，同时，得到了各行业企业的支持，重在提升教材的职业属性。书中内容深入浅出，从实用的角度出发，介绍了大学生职业生涯规划和就业过程中的基本理论，以及求职应聘的各种技巧，具有较高的实用价值和较强的指导性，还可以锻炼学生的工作思维和实践技能，帮助学生更快地适应企业。

（3）全新形态，体例新颖。

本书每章都由“引导案例”引出正文，案例内容贴近学生实际情况，便于学生举一反三。正文中配有“精选案例”“拓展阅读”“想一想”“提示”等模块，使学生加深对理论知识的理解，便于学生解决职业生涯规划和就业过程中遇到的实际问题。每个章节末还设置了“实践拓展”，以学生为主体设计形式多样的实践活动，可以让学生“在学中做，在做中学”，以提升自省能力，开发自身潜能，真正做到学以致用。书中还尽可能在教材中多用图片、表格、框图等，从而尽可能减轻学生的学习负担，增强其学习兴趣。

（4）资源丰富，平台支撑。

本书利用二维码技术配备了丰富的电子学习资源，包括微课视频、优质课件等，学生拿出手机扫一扫，便可获取对应部分的精彩资源，随扫随学。为了方便学校管理、教师教学和学生自学，本书还特别配套了集教学管理、教学支撑于一体的综合教育平台“文旌课堂”（www.wenjingketang.com），学校可借助该平台管理校本课程，教师可借助该平台管理各种教学资源、布置作业、组织考试，学生可借助该平台阅读课外资源、提交作业、进行线上练习、参加考试等。如果学生在学习过程中有什么疑问，也可登录该网站寻求帮助。

本书由秦福德、王卫民、刘敏担任主编，由郁雯、陈齐、于丽寅担任副主编。全书由秦福德负责统稿工作。在编写过程中，我们参考了大量的文献资料和网络资料。在此，我们对这些资料的作者表示诚挚的谢意。本书在编写过程中还引用了一些案例，其中部分案例来源于互联网和一些非正式出版物，在此，对这些案例资源的作者表示衷心的感谢。另外，本书在正文中没有注明出处的案例均为自编或者根据真实事件改编。

由于编者水平有限，书中存在的疏漏与不当之处，敬请广大读者批评指正。

本书编委会

主　编　秦福德　王卫民　刘　敏

副主编　郁　雯　陈　齐　于丽寅

目录
CONTENTS

职业生涯规划篇

CONTENTS

就业指导篇

职业生涯规划篇

第一章 职业生涯认知

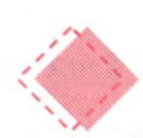

知识与能力目标：

- 掌握职业、职业生涯及职业生涯规划的概念
- 熟悉大学生职业生涯规划的意义、原则与步骤
- 能够根据自身实际情况制订职业生涯规划方案

素质目标：

- 树立为人民服务的意识，将自己的梦想融入中国梦
- 深刻认识到每个人都是与众不同的，树立自信的同时增进对他人的理解、包容和欣赏，构建更加和谐美好的人际关系

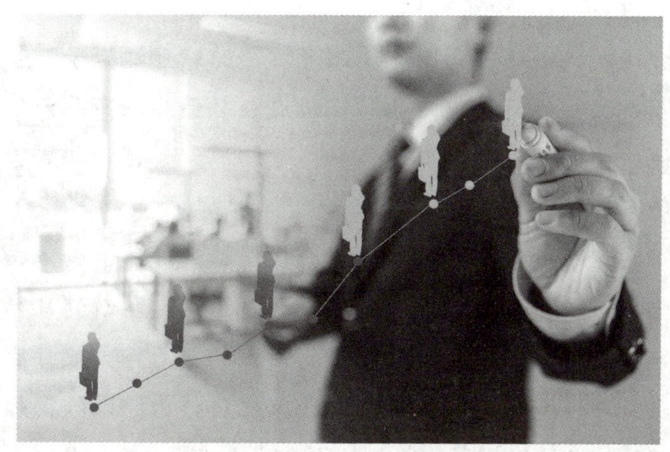

引导案例——我的人生我做主

小黄1983年生于山东潍坊，1998年考入德州经济学校（现德州职业技术学院）工电专业，后自学法律专科，于2001年获得山东大学法律专科毕业证书，并于同年通过司法考试获得律师资格证书。2001年9月开始在山东大学旁听法律和日语，2003年完成法律本科自学考试全部课程，2005年考上山东大学法学院公费研究生，主攻民商法，2008年加盟北京某知名律师事务所，从事公司上市、并购与融资等业务，下一步的目标是私募投资或风险投资业务。

从一名工电专业的中专生到知名律师事务所的专业人才，小黄实现了多个常人难以置信的跨越：中专生到研究生的跨越、工科到法学专业的跨越、蓝领到金领的跨越……

小黄成功的秘诀在哪里？七个字：我的人生我做主。

中专生活开始后不久，小黄看到他的政治老师拿着律考书，不由想起自己父亲不懂法律、经商被骗的事情，于是问老师自己能否考律师，老师说可以，他又问怎样才能考，得到的答案是取得本科文凭并通过司法考试。从此，一个明确的目标开始在他的头脑中生根：考律师。

他先报了一门自考课程——马克思主义哲学，结果顺利通过，在老师的指导下，他一次报了三门，又一次全部通过。于是他果断地终止了对工电课程的学习，全身心地致力于对自己人生目标的追求。本科、律考顺利完成后，他重新审视自己的目标，感到自己与社会的要求依然存在不小的差距。于是，他又做出了一个出人意料的决定：继续充电。

到山东大学旁听，接触的是全国各地高考胜出的“天之骄子”和来自世界各地的青年精英，在歧视、蔑视的目光中，他顽强地成长并最终在高手云集的研究生考试中战胜许多曾经把他这个旁听生看作丑小鸭的“天之骄子”，成为山东大学法学院民商法专业的三个公费研究生之一。

在研究生学习过程中，他仍然没有放纵自我、随波逐流，而是在强化日常学习的同时仔细分析民商法专业今后的就业前景。他给自己确定了新的目标：从事律师非诉讼业务中的资本与证券运作。为达到这一目标所做的努力，为他日后进军北京法律服务界奠定了坚实的基础。研二实习，他开始北京之行，为将来的律师生涯做准备；研三，他加盟了北京某知名的律师事务所，从事公司上市、并购、融资等业务。

他的职业生涯理念：明确目标，制订计划，付诸行动，及时检查，定期调整。

他的人生准则：日有所得，心中有数，持之以恒，学友互助。

他的座右铭：贵有恒，何必三更起五更眠；最无益，只怕一日曝十日寒。

他的人生信念：有志者，事竟成。

他用自己的职业生涯规划演绎了人生宣言：我的人生我做主。

（资料来源：http://dushu.qq.com/read.html?bid=643315&cid=1，有改动）

第一节　职业生涯规划概述

一、职业概述

（一）职业的概念与特征

职业是指人们为了谋生和发展而从事的相对稳定、可获得经济收入的专门类别的社会劳动。职业可以反映一个人的社会身份、文化与能力水平，也是一个人权利、义务、职责的载体。职业具有下列特征。

1. 社会性

职业并不是自古就有的，它是社会分工的产物，每一种职业都体现了社会分工的细化，体现了其对社会生产和社会进步的积极作用。人们奋斗在自己的职业岗位上，就是在为社会奉献劳动和智慧，体现自身的社会价值，为社会经济发展贡献自己的力量。

2. 经济性

人们从事职业活动的直接目的就是获得经济来源，以此谋生。劳动者在承担所从事职业的岗位职责并完成工作任务后，要获取相应的经济报酬，即职业收入。职业收入既是社会及用人单位等对劳动者付出劳动的回报，也是劳动者维持自身及家庭生活的基础。

3. 专业性

人们从事任何一种职业活动，都必须遵守专业性的规范，包括各种操作规则、办事章程、职业道德规范等。从业人员必须具备相应的专业知识和技术技能，并进行较长时间专业知识的学习与专业技能的训练。

4. 稳定性

一种职业一旦产生，在其生命周期内都具有稳定性。但这种稳定性不是绝对的，科学技术的进步和生产力的发展会使一些职业活动的内容和要求产生变化，也会催生一些新职业，淘汰一批老职业。

想一想

下列哪些是职业，哪些不是？

A. 教师　B. 公交车司机　C. 小偷　D. 调味品品评师　E. 志愿者

F. 护士　G. 广场舞大妈　H. 乞丐　I. 街头艺人

J. 在社区参加社会实践的大学生

（二）职业的分类

所谓职业分类，是指采用一定的标准和方法，依据一定的分类原则，对从业人员所从事的各种专门化的社会职责所进行的全面、系统的划分与分类。《中华人民共和国职业分类大典（2022 年版）》按照从业人员的工作性质，将我国职业分为 8 个大类、79 个中类、450 个小类、1 639 个细类和 2 967 个工种。其中，细类是最基本的类别，即我们通常所讲的职业。

我国 8 个大类职业的具体内容如下。

第一大类：党的机关、国家机关、群众团体和社会组织、企事业单位负责人。包括 6 个中类：① 中国共产党机关和基层组织负责人；② 国家机关负责人；③ 民主党派和工商联负责人；④ 人民团体和群众团体、社会组织及其他成员组织负责人；⑤ 基层群众自治组织负责人；⑥ 企事业单位负责人。

第二大类：专业技术人员。包括 11 个中类：① 科学研究人员；② 工程技术人员；③ 农业技术人员；④ 飞机和船舶技术人员；⑤ 卫生专业技术人员；⑥ 经济和金融专业人员；⑦ 监察、法律、社会和宗教专业人员；⑧ 教学人员；⑨ 文学艺术、体育专业人员；⑩ 新闻出版、文化专业人员；⑪ 其他专业技术人员。

第三大类：办事人员和有关人员。包括 4 个中类：① 行政办事及辅助人员；② 安全和消防及辅助人员；③ 仲裁、调解及相关法律事务辅助人员；④ 其他办事人员和有关人员。

第四大类：社会生产服务和生活服务人员。包括 15 个中类：① 批发与零售服务人员；② 交通运输、仓储物流和邮政业服务人员；③ 住宿和餐饮服务人员；④ 信息传输、软件和信息技术服务人员；⑤ 金融服务人员；⑥ 房地产服务人员；⑦ 租赁和商务服务人员；⑧ 技术辅助服务人员；⑨ 水利、环境和公共设施管理服务人员；⑩ 居民服务人员；⑪ 电力、燃气及水供应服务人员；⑫ 修理及制作服务人员；⑬ 文化和教育服务人员；⑭ 健康、体育和休闲服务人员；⑮ 其他社会生产服务和生活服务人员。

第五大类：农、林、牧、渔业生产及辅助人员。包括 6 个中类：① 农业生产人员；

② 林业生产人员；③ 畜牧业生产人员；④ 渔业生产人员；⑤ 农、林、牧、渔业生产辅助人员；⑥ 其他农、林、牧、渔业生产及辅助人员。

第六大类：生产制造及有关人员。包括32个中类：① 农副产品加工人员；② 食品、饮料生产加工人员；③ 烟草及其制品加工人员；④ 纺织、针织、印染人员；⑤ 纺织品、服装和皮革、毛皮制品加工制作人员；⑥ 木材加工、家具与木制品制作人员；⑦ 纸及纸制品生产加工人员；⑧ 印刷和记录媒介复制人员；⑨ 文教、工美、体育和娱乐用品制造人员；⑩ 石油加工和炼焦、煤化工生产人员；⑪ 化学原料和化学制品制造人员；⑫ 医药制造人员；⑬ 化学纤维制造人员；⑭ 橡胶和塑料制品制造人员；⑮ 非金属矿物制品制造人员；⑯ 采矿人员；⑰ 金属冶炼和压延加工人员；⑱ 机械制造基础加工人员；⑲ 金属制品制造人员；⑳ 通用设备制造人员；㉑ 专用设备制造人员；㉒ 汽车制造人员；㉓ 铁路、船舶、航空设备制造人员；㉔ 电气机械和器材制造人员；㉕ 计算机、通信和其他电子设备制造人员；㉖ 仪器仪表制造人员；㉗ 再生资源综合利用人员；㉘ 电力、热力、气体、水生产和输配人员；㉙ 建筑施工人员；㉚ 运输设备和通用工程机械操作人员及有关人员；㉛ 生产辅助人员；㉜ 其他生产制造及有关人员。

第七大类：军队人员。包括4个中类：① 军官（警官）；② 军士（警士）；③ 义务兵；④ 文职人员。

第八大类：不便分类的其他从业人员，包括1个中类。

想一想

按照我国最新颁布的《中华人民共和国职业分类大典》，今后你希望从事的职业分属哪个大类、哪个中类？

二、职业生涯与职业生涯规划

（一）职业生涯

1. 职业生涯的概念

职业生涯是指个体一生中从事职业的全部历程，包括一个人所有的工作、职业、职位及其变更，以及个人态度和内心的成长与体验，整个历程可以是连续的或间断的。狭义的职业生涯只针对客观的工作经历及与工作有关的行为，开始于任职前的职业学习和培训，终止于退休；广义的职业生涯则贯穿人的一生，是个体在一生中关于职业的经历或历程。

2. 萨帕职业生涯阶段理论

如前所述，广义的职业生涯贯穿人的一生，具有独特性、终生性、阶段性、发展性等特点。人们一般将个人的职业生涯划分为几个连续的职业发展阶段，不同的职业发展阶段有着不同的职业方式和内容。著名职业管理专家萨帕（Donald E. Super）是职业发展阶段研究领域中的权威专家之一。他提出的职业生涯发展理论，将整个人生分为成长阶段、探索阶段、建立阶段、维持阶段和衰退阶段，并突出各个阶段的发展特点。

1）成长阶段（0～14 岁）

该阶段的任务是：发展自我形象，发展对工作世界的正确态度，了解工作的意义。该阶段包括以下三个时期：

第一时期：幻想期（4～10 岁），以“需要”为主导，在幻想中进行职业角色扮演。

第二时期：兴趣期（11～12 岁），以“喜好”为主导，本着内心喜好去评价职业，选择活动和行为。

第三时期：能力期（13～14 岁），以“能力”为主导，主要考虑自己能做什么，并且有意识地进行能力的培养。

2）探索阶段（15～24 岁）

该阶段的任务是：学习和打基础，使职业偏好逐渐具体化、特定化。该阶段包括以下三个时期：

第一时期：试探期（15～17 岁），考虑需要、兴趣、能力和机会，做暂时的决定，并在幻想、讨论、课业和工作当中加以尝试。

第二时期：过渡期（18～21 岁），进行专业训练并实现就业，更加重视现实，把一般性的选择变为具体和特定的选择。

第三时期：试验承诺期（22～24 岁），初步确定职业生涯，尝试将最初的职业转化为长期职业，如果不合适，则需再次确定职业方向。

3）建立阶段（25～44 岁）

该阶段是职业生涯中最核心的阶段，任务是：确定职业，寻求稳定职业，并在这一职业中谋求发展。该阶段包括以下两个时期：

第一时期：尝试期（25～30 岁），寻求职业的安定，但也可能因为生活或职业的经常变动而感到不满意。

第二时期：稳定期（31～44 岁），致力于工作的稳定，谋求职业的发展。

4）维持阶段（45～65 岁）

该阶段的任务是：面对新的人员挑战，维持既有的成就和地位，谋求职位和社会地位的提升。这个阶段主要是“升迁”或者注重“专”“精”的过程。到了这个阶段，个体对于其从事的职业已经有了长时间的积累，在所处领域也有了一席之地，一般达到了“功成名就”的境地，不再考虑更换工作，只力求维持已取得的成就和社会地位，维持良好的工作关系和和谐的家庭生活，做好工作的传承。当然，也还会有极少数人开辟新的领域，寻求新的发展。

5）衰退阶段（65 岁以上）

随着个人年龄的不断增长，身体健康状况、体力、精力逐渐衰退，个体工作能力开始有所下降，需要以积极的态度退出职场，结束职业生涯，发展新的角色，寻求不同的方式来代替和满足需要。

按照萨帕职业生涯发展阶段理论，大学生处于职业生涯的探索阶段，而且正好跨越该阶段的过渡期（18～22 岁）和试验承诺期（22～24 岁）两个时期。在这两个时期，大学生的能力迅速提高，职业兴趣趋于稳定。在试验承诺期内，许多学生往往需要对自己未来的职业生涯做出关键性的决策。所以，大学期间是职业生涯规划的黄金阶段，对大学生未来的职业走向和职业发展具有十分深远的影响。

（二）职业生涯规划

1. 职业生涯规划的概念和类型

职业生涯规划助她成长

职业生涯规划（career planning）简称生涯规划，又称职业生涯设计，是指在对职业生涯的主客观条件进行测定、分析、总结的基础上，对自己的兴趣、爱好、能力、特点进行综合分析与权衡，结合时代特点，根据自己的职业倾向确定最理想的职业奋斗目标，并为实现这一目标做出行之有效的安排。

职业生涯规划按完成各阶段生涯的时间长短，可分为短期规划、中期规划、长期规划和人生规划 4 种类型。

1）短期规划

短期规划一般为 2～3 年的职业规划，主要确定近期的目标，规划近期要完成的任务。

2）中期规划

中期规划一般规划 3～5 年内要达到的目标和任务。人们一般把个人职业规划的重点放在中期规划，这样有利于根据实际情况随时进行调整。

3）长期规划

长期规划一般为 5～10 年的职业规划，主要制订较长远的目标，以及为实现目标所采取的措施。

4）人生规划

人生规划即整个职业生涯的规划，时间可长达 40 年，主要设定个人整体发展目标。

2. 职业生涯规划的特点

一份行之有效的职业生涯规划应该具有下列特点。

1）可行性

规划要从个人的实际出发，要切实可行，并非是美好幻想或不着边的梦想。

2）适时性

规划是预测未来的行动，确定将来的目标。因此，各项主要活动何时实施、何时完成，都应有时间和时序上的妥善安排，作为检查行动的依据。

3）适应性

未来的职业生涯牵涉到多种可变因素，因此规划应有弹性，以增加其适应性。

4）连续性

职业生涯是一个连续不断的过程，因此要注重规划的连续性。

提　示

职业生涯设计的目的绝不仅仅是帮助个人按照自己的条件找到一份合适的工作，而是帮助规划者真正了解自己，结合各种主客观条件，拟定一生的职业发展方向和目标。大学生进行职业生涯规划的目的也绝不仅仅是找到一份称心的工作，应将其融入自我发展的整个历程，为今后职业的可持续发展打下良好的基础。

三、职业生涯规划的意义

（一）能够帮助个人确定职业发展的目标和方向

职业生涯规划可以帮助个人对自我进行全面的分析，从而认识自己，了解自己的特点和兴趣，评估自己的能力、优势和不足。在规划职业生涯的过程中，通过对客观环境的分析，可以明确自我职业发展的方向，正确选择职业目标，并运用适当的方法，采取有效的措施，克服职业生涯发展中的困难和障碍，使自己的才能得到充分发挥，从而获得事业上的成功，实现人生的理想。

（二）能够促进个人努力工作

职业生涯规划一方面让个人明确了努力的目标，另一方面也是持续督促个人努力工作的鞭策力。职业生涯规划就好像给自己树立了一个明确的标靶，唯有目标明确才能奋勇直进。随着规划内容逐步实现，又增强自己对目标的成就感，进一步促进自己向新的目标前进。制订和实现职业生涯规划就好像一场比赛，随着时间的推移，一步一步地实现所制订的规划，自己的思想方式和工作方式又会不断地完善和发展。

（三）有助于合理安排日常工作

制订职业生涯规划的一个重要作用就是有助于合理地安排日常工作，评价工作的轻重缓急。没有职业生涯规划，个体就很容易被日常事务所缠绕，甚至被日常琐碎的事务掩埋，无法实现人生目标。通过职业生涯规划，能够使我们紧紧抓住工作的重点，增强成功的可能性。

（四）能够激发个人潜能

职业生涯规划能够帮助我们集中精力，为实现自己的职业目标尽可能发挥个人的潜能。一个人的潜在能力是无限的，需要我们充分挖掘。例如，在大学期间，并不是每一个大学生都在组织协调、科研发明等方面有优势，但是相当一部分学生在这些方面都有很大的潜能。因此，一旦赋予这些大学生以工作任务和目标，调动他们内在的激情，他们都会通过努力学习，充分激发其内在的潜能，很好地完成这方面的工作和学习。

案例精选

没有职业方向的烦恼

生物学专业毕业的小丽是一个具有三年多工作经验的女生，先后在某外企和某餐饮企业做客户工作，然而现在的她非常迷茫。她说："我已经失业四个月了，真烦人。四年前，我大学毕业，学的是生物专业，但我不喜欢，更不想以此为职业。我英语很好，多年的学校社团工作经验让我具备了很强的沟通、交际能力。毕业后，顺利通过三轮面试，成为一家外企的总经理助理，工资水平属于同学中的佼佼者，大家都很羡慕我，但只有我自己知道我的工作很无聊。每天都有处理不完的琐事，感觉不到前途在哪儿，更不会学到新东西。"于是，在一年合同期满的时候，小丽毅然离开了那里。不久，小丽在报纸上看到一家刚刚进入中国的跨国餐饮集团在招聘客服人员，觉得很新鲜，就去试了试，结果被成功录取安排到门市部工作，直接接触客户，这个工作小丽一干就是两年多。

可是，小丽逐渐发现，由于接触的客人大多层次不高，她觉得自己的档次也下降了不少。况且，这个企业人际关系复杂，自己没有背景，要想升职几乎是不可能的。辞职，再一次摆在她的面前。在仔细考虑了一段时间后，小丽以为她肯定能找到更好的机会，于是，她又一次坚决地辞职了。她给自己放了三个月的长假，以调整好心态和身体，继续寻找新的工作。

现在，四个月过去了，她在各大网站上投了超过 70 份简历。然而让她意想不到的是，她只得到了几个回复，并在简单的一轮、二轮面试之后，就没有了下文。

小丽很苦恼，她说："我也知道自己没有什么显赫的学历和职业背景，我也不奢望自己能马上成为高薪一族，但我就是不明白，以我现在的情况，以我这几年还算丰富的经验，我怎么就找不到一个普通的工作呢？"

（资料来源：http://edu.sina.com.cn/l/2004-05-27/70468.html，有改动）

四、大学生职业生涯规划的原则

大学生进行职业生涯规划时，要立足社会需求、所学专业和本人实际，遵循以下基本原则。

（一）职业生涯规划要与社会需求相适应

大学生学习的现实目标就是就业，包括自主创业与择业。就业作为一种社会活动，必定受到一定的社会需求制约，如果自身的知识与个人的观念、能力脱离社会需要，则很难被社会接纳。大学生在进行职业生涯规划时，要看清现实社会与未来的发展趋势，根据社会需要锻炼自己的能力，培养自己的综合素质，完善自己的人格，做到社会需求与个人能力的统一、社会需要与个人愿望的有机结合。

（二）职业生涯规划要与所学专业相匹配

每个专业都有特定的培养目标和就业方向与就业领域，这是职业生涯规划的基本依据。大学生在求职过程中如果不能实现专业与职业的匹配，势必付出转换成本，无论对于个人还是社会都是巨大的浪费。

因此，大学生在进行职业生涯规划时一定要了解与分析自己所学的专业，强化专业知识与技能，以专业特色和能力要求为导向，规划自己的学习与生活，力争实现专业与职业的匹配。

（三）职业生涯规划要与自身实际相结合

职业生涯规划强调岗位适应性和人职匹配，不能千篇一律。大学生一定要结合自身的特点，将职业生涯规划与自己的个性倾向、个性心理特征及能力特长等方面结合起来。其中，个性倾向包括需求、兴趣、动机、理想、信念和世界观；个性心理特征包括气质与性格。通过职业生涯规划相关的测评认清自己，准确定位，充分发挥自己的优势，才能体现人尽其才、才尽其用的要求。

五、职业生涯规划的步骤

一个系统的职业生涯规划应包括觉知与承诺、认识自我、认识工作世界、决策、行动、再评估/成长六个基本步骤，如图 1-1 所示。

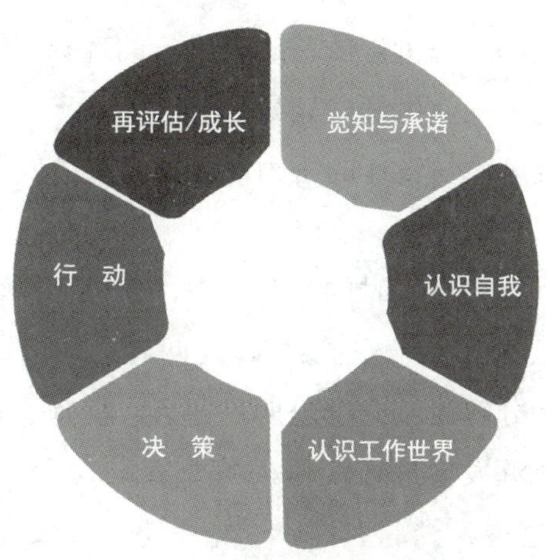

图 1-1 职业生涯规划步骤循环图

（一）觉知与承诺

在此阶段，大学生需要阅读、听取职业生涯规划的相关信息和案例，了解职业生涯规划的基本情况，意识到职业生涯规划对于个体发展的重要意义，觉察到现在进行职业生涯规划或者进行再规划（规划的调整和完善）的必要性；愿意花时间规划自己的职业生涯，愿意为自己制订的规划付出努力；明白职业生涯规划是一个过程，是面对职业生涯发展的一种态度，是对自己内心的支撑，但未必能马上为自己带来理想工作。

（二）认识自我

对自我的认识主要包括了解自己的人格特质、兴趣爱好、价值观、现有技能和能力倾向等。有时候，个体对自我的认识只是片面或者表面的，因而可以通过反思进行自我剖析，也可借助他人认识自我（如请家长、老师、同学等对自己进行分析评价），还可以借助专业的职业测评工具进行测试评定，全方位、多角度地认识自我。

正确地认识自我

（三）认识工作世界

人都生存在一定的环境之中，离开了这个环境，便失去了存在和发展的意义，因此，进行职业生涯规划时必须对自己所处的环境进行充分了解，才能在复杂的环境中趋利避害，使规划更具有现实意义。大学生对工作世界的认识主要包括了解工作世界的宏观发展趋势，具体职业对工作人员的要求，校园的专业和职场的职业之间的关系，相应的继续教育方面的选择，等等。

（四）决策

决策是在正确认识自我和工作世界的基础上进行的选择，包括对自己职业生涯目标的选择和实施路径的选择，这是职业生涯规划最为关键的一步。在决策过程中，可能会遇到一些难以取舍的问题，以及风险与责任的压力，这对尚未进入职场的大学生而言是一个非常好的历练机会。

决策的时候，首先要了解自己平时的决策习惯，让自己尽可能保持一种平衡、客观的心态，然后综合分析“自我”和“工作世界”，在两者之间选择适合自己职业生涯奋斗的目标。当我们把中长期目标分解为一个个短期目标后，就有了具体的行动计划和步骤，这样做有助于对自己的职业生涯发展进行管理。

（五）行动

行动就是将制订的目标和具体措施一一落实。例如，在大学学习阶段，大学生除了需要学好专业知识外，还应结合自己的职业生涯规划，了解和学习一些与自己规划的未来职业相关的其他知识。

（六）再评估/成长

职业生涯规划涉及人和工作世界的方方面面，由于人和事物都是在变化的，因而需要经常对职业生涯规划进行评估和调整。例如，大学生的人生观、价值观都处于形成阶段，会随着对社会认识和生命意义理解的加深而改变；又如，随着社会和科技的快速变化，原来所做的职业生涯规划也可能不再合适。这时，就需要对职业生涯规划进行调整，使其适应新的环境。

案例精选

职业生涯规划书

姓　　名：小华

规划期限：四年

起止时间：2019 年 9 月至 2023 年 7 月

年龄跨度：18～22 岁

阶段目标：顺利毕业，成为一个有一定经验的市场营销人员

总体目标：成为一家大公司的业务主管

个人分析：自己是属于性格外向的人，具有较强的人际沟通能力，思维敏捷，表

达流畅，有较强的组织协调能力，曾经有过兼职推销人员的经历并取得相当不错的成绩。而且，自己所学的专业也是经济学专业，这也正是自己的兴趣所在。

社会环境分析：中国现在是一个政治稳定，经济、文化高速发展的国家，这种状况为每一个人都提供了良好的发展机遇。随着市场经济的发展，市场在经济活动中的作用将越来越大。

目标分解与目标组合：

1）目标分解

目标可分解成两个大的目标：一个是顺利毕业，另一个是成为一个有一定经验的市场营销人员。对于第一个目标，又可分解为把专业课学好和把选修课学好，以便修完足够的学分，顺利毕业。接下来，还可以细分：在专业课程中，如何学好每一门课程；在选修课程中，需要选择哪些课程，如何取得相关证书。对于第二个目标，又可分解为接触市场阶段、了解市场阶段和熟悉市场阶段。接下来，还可以细分：在接触市场阶段，要采用什么方法，和哪些公司保持联系等。

2）目标组合

顺利毕业的前提是学好专业课程，而专业课程的学习则对职业目标（成为一个有一定经验的市场营销人员）有促进作用。

具体实施方案：要成为一个有一定经验的市场营销人员，需要缩小自己和有一定经验的市场营销人员的差距。这些差距如下：

1）思想观念上的差距

刚从事销售的人一般会认为销售只是卖出商品，但有一定经验的人则会认为销售是“卖出自己”——客户只有相信销售者，才可能购买商品。为了缩小这种差距，需要向有经验的人员请教，并在实践中去体会这一点。

2）知识上的差距

书本知识的欠缺只是一个方面，更重要的应当是实践的差距。为了缩小这种差距，需要在学习书本知识的同时，多参与真正的市场销售，在实践中体会书本知识。

3）心理素质的差距

市场销售需要百折不挠的精神，而作为一个被人称为“天之骄子”的大学生，缺少的可能恰恰是这一点，往往遇到些许挫折和失败就会退缩。这种差距，需要在实践中逐步消除。

4）能力的差距

这一点可能是最重要的。为了缩小这种差距，除了在实践中逐步学习外，还要和销售高手保持密切的联系，以便随时请教和学习。

检查和反馈：在向销售高手请教的过程中，发现自己需要学习的书本知识还有很多，特别是外语方面能力需要提高，否则，就无法适应现在的销售要求。所以决定加强英语的学习，准备报一个英语的口语班，每周上一次课，同时，准备参加学校里的英语角，切实提高英语水平。在销售过程中还发现，销售中有很多仅属事务性的活动，没有太多的智力成分，所以决定以后减少参加类似活动的次数，把精力用在那些对自己有锻炼意义的事情上去。

职业生涯规划的实施策略：

1）大学一年级：探索期

阶段目标：职业生涯认知和规划。

实施方案：首先要适应由高中生到大学生的角色转变，重新确定自己的学习目标和要求。其次要开始接触职业和职业生涯的概念，特别是要重点了解自己未来所希望从事的职业或与自己所学专业对口的职业，进行初步的职业生涯规划；熟悉环境，建立新的人际关系，提高交际沟通能力，在职业认识方面，可以向高年级学生尤其是大四的毕业生询问就业情况；积极参加各种各样的社团活动，增强交流技巧；在学习方面，要巩固扎实专业基础知识，加强英语、计算机能力的培养，掌握现代职业者所应具备的最基本技能；如果有必要，为可能的转系、辅修自己喜欢的专业获得双学位、留学计划做好资料收集及课程准备，为将来的就业选择打下良好的基础。

2）大学二年级：定向期

阶段目标：初步确定毕业方向以及相应能力与素质的培养。

实施方案：认识自己的需要和兴趣，确定自己的价值观、动机和抱负。考虑未来的毕业方向（深造或就业等），了解相关的活动，并以提高自身的基本素质为主，通过参加学生会或社团等组织，培养和锻炼自己的领导组织能力、团队协作精神，同时检验自己的知识技能；可以开始尝试兼职、社会实践活动，并要具有坚持性，最好能在课余时间从事与自己未来职业或本专业有关的工作，提高自己的责任感、主动性、受挫折和抗打击能力，并从不断的总结分析中得到职业的经验；增加英语口语和计算机应用的能力，通过英语和计算机的相关证书考试，并开始有选择地辅修其他专业的知识以充实自己。

3）大学三年级：准备期

阶段目标：掌握求职技能，为择业做好准备。

实施方案：加强专业知识学习的同时，考取与目标职业有关的职业资格证书或通过相关的职业技能鉴定。因为临近毕业，所以目标应锁定在提高求职技能、搜集公司信息上。参加与专业有关的暑期工作，和同学交流求职工作心得体会，学习写简历、求职信等求职技巧，了解搜集就业信息的渠道，如果有机会要积极尝试；加入校友网络，向已经毕业的校友了解往年求职情况；如果决定考研，也要做好复习准备；希望出国留学的学生，可多接触留学顾问，参与留学系列活动，准备 TOEFL、GRE 的应试，注意留学考试资讯，向相关教育部门索取简章参考。

4）大学四年级：冲刺就业

阶段目标：成功就业。

实施方案：首先对前三年的准备做一个总结，检验自己已确立的职业目标是否明确，前三年的准备是否已充实；然后开始毕业后工作的申请，积极参加招聘活动，在实践中检验自己的积累和准备；最后进行预习或模拟面试。积极利用学校提供的条件，了解就业指导中心提供的用人公司资料信息，强化求职技巧、进行模拟面试等训练，尽可能地在做好较为充分的准备的情况下进行实战演练。在撰写毕业论文时，要大胆提出自己的见解，锻炼自己独立解决问题的能力和创造力。另外，要重视实习机会，通过实习从宏观上了解单位的工作方式、运转模式、工作流程，从微观上明确个人在岗位上的职责要求及规范，为正式走上工作岗位奠定良好的基础。

（资料来源：https://wenku.baidu.com/view/a6be67c9ed3a87c24028915f804d2b160b4e86ae.html，有改动）

【案例分析】成功学大师安东尼·罗宾斯曾经提出过一个成功的万能公式：成功=明确目标+详细计划+马上行动+检查修正+坚持到底。不管过去的经历如何，在职业生涯规划领域，人人都是平等的。因此，大学生应相信自己，懂得“人生最重要的不是握一手好牌，而是要把坏牌打好”“弱者困于环境，智者利用环境”的道理。

第二节 自我认知

自我认知就是对自己进行全面分析，通过自我分析认识自己、了解自己。只有客观地认识自己，明确自己的职业兴趣，才能正确选择自己要从事的职业，才能选定适合自己发展的职业生涯路线。

一、兴趣与职业兴趣

（一）兴趣的概念

兴趣即兴致，是对事物喜好或关切的情绪，是人们力求认识某种事物和从事某项活动的意识倾向。它表现为人们对某件事物、某项活动的选择性态度和积极的情绪反应。

兴趣以需要为基础，在人的实践活动中具有重要意义。兴趣可以使人集中注意力，产生愉快而又紧张的心理状态，对人的认识和活动会产生积极的影响，有利于提高工作的质量和效率。

（二）职业兴趣的概念

兴趣很重要

人们往往有各种不同的兴趣爱好。一个人喜欢看书，爱好养花，分别表现为读书兴趣和养花兴趣。如果一个人的爱好是喜欢观察护士看病，并且积极地去学习有关医学方面的知识，主动练习医学实训技术，并希望自己将来能够成为一名护士，那么这就成了对护理职业的兴趣。所以，当兴趣直接指向与职业有关的活动时，兴趣就成了职业兴趣。

职业兴趣是指一个人积极探究某种职业或者从事某种职业活动时所表现出来的特殊心理倾向。它使人给予某种职业优先的注意，并对其产生向往的情感。兴趣是成功的前提，一个人对某种职业感兴趣，就会积极热情、富有创造性地完成所从事的工作。兴趣可以激发个体进行创造活动的内部动机，增强克服困难的信心和决心，充分发挥潜能的作用，使个体具有敏锐的感知力、活跃的创造性思维、丰富的想象力，从而促使其事业走向成功。

有的同学说自己的爱好是打游戏，那么如何区分他所说的打游戏是兴趣还是打发时间呢？

二、职业兴趣与职业发展的关系

心理学教授米哈利（Mihaly Csikszentmihalyi）发现，人们在专心致志地、积极地从事某种活动，忘记了时空和自己的时候，感到最为愉快和满足。他将这种状态称为“流动（flow）”“聚精会神”“忘我”的状态。大量研究表明，兴趣与工作满意度、职业稳定性和职业成就感之间都存在着明显的关联。如果从事的职业符合自己的兴趣，内心就会拥有源源不断的动力，促使自己全身心地投入，并不断提高自己应对挫折及解决问题的能力，将兴趣发展为技能。

（一）职业兴趣可以影响人的职业定位

理想的职业发展应该是“恰当的人从事恰当的工作”，个人进行职业定位要考虑与自身的职业兴趣相符，两者的最佳匹配是职业发展的强大动力。正像人们在日常生活中喜欢从事自己感兴趣的活动一样，人们更倾向于寻找与职业兴趣有关的职业类型，特别是在外界环境限制较小时，会更倾向于选择自己感兴趣的职业。

（二）职业兴趣能够开发人的潜能，激发人的探索欲和创造力

职业兴趣在个人的职业活动中起着非常重要的作用，一个人如果热衷于自己感兴趣的职业，就会废寝忘食地为之努力，即使遇到一些困难也不会轻易退缩。相反，一个人如果做不喜欢的工作，就很难有持久的工作热情。可见，兴趣对我们能否在工作中充分发挥潜力、能否长期从事这个职业有重要的影响。选择一份符合自己天分与兴趣的职业，不仅能使占据人生最好时光的职业生活更加愉悦，还能让自己在工作中找到快乐。

据调查显示，如果一个人所从事的工作与其职业兴趣相吻合，他就能发挥自己全部才能的 80%～90%，并且能较长时间地保持高效率而不感到疲劳；反之，则最多只能发挥其全部才能的 20%～30%，而且特别容易厌烦。可见，职业兴趣能够在职业活动中激发人的潜能。

（三）职业兴趣可以增强人的职业稳定性和职业满意度

个人从事感兴趣的工作，能够从中获得更多的愉悦感、价值感和满足感。在这种状态下，生活与工作浑然一体，人们从工作中获得了生活的乐趣，从而会对工作产生更为深刻的认同感，个人的职业稳定性也就能得到保证，工作满意度也容易提高。曾有学者对 2 000 多位著名的科学家进行调查，结果发现，人们的满足感、幸福感往往来源于从事某种活动，而不是无所事事，只想着游玩，也不是单纯的谋生。对某一领域的强烈兴趣和孜孜以求才是工作的原本意义所在。

总之，兴趣影响人们的工作满意度和稳定性，在某些情况下（如不考虑经济因素）甚至具有决定性作用。一般来说，从事自己不感兴趣的职业很难让人感到满意，由此也会导致工作的不稳定。职业兴趣与从事的职业相吻合，这是最理想的情况。一个人如果能根据自己的爱好去选择职业，他的主动性将会得到充分发挥，即使十分疲倦和辛劳，也总能兴致勃勃、心情愉快；即使困难重重，也绝不灰心丧气，而是想尽各种办法，百折不挠地去克服，甚至废寝忘食、如醉如痴。

想一想

请同学们在下列符合自己现状的选项后画“√”。

（1）对自己专业感兴趣

① 了解自己的专业，觉得所学专业与自己的兴趣相符。（　　）

② 开始并不了解自己的专业，但通过学习发现越来越感兴趣了。（　　）

（2）不知道对专业是否感兴趣

① 迷茫，不爱学习，听课时容易想别的事情，无法专注。（　　）

② 能学点就学点，不学也没什么感觉，能学的时候有点兴趣。（　　）

（3）对自己专业不感兴趣

① 不了解自己的专业，主要是不爱学习造成的。（　　）

② 对本专业了解一些，不过是家长帮忙选的，自己并不愿意选择这个专业，像是被骗过来的。（　　）

③ 本来有点爱学，可是有些学科成绩不好，就不感兴趣了，专业兴趣不稳定。（　　）

④ 听别人说这个专业很好，但了解后感觉并不理想。（　　）

你属于上述哪一种类型？有人说如果对自己所学专业不感兴趣，就一定要转专业，这种想法对吗？为什么？

三、用霍兰德职业兴趣理论探索职业兴趣

目前世界上在职业兴趣研究领域影响力较大的是约翰·霍普金斯大学心理学教授、著名职业指导专家霍兰德（Holland）的职业兴趣理论。1959 年，霍兰德在长期职业指导和咨询实践的基础上，首次提出了自己的职业兴趣理论，他认为职业兴趣是人格的体现，从事同一职业的人有着相同的人格。1973 年，霍兰德在他的名著《做出职业选择》中表述了其理论思想的核心：职业选择是个人人格在工作世界的反映和延伸，即人们在工作的选择和工作经验中能够表达出自己的兴趣和价值，人格是决定一个人选择何种职业的重要因素。

（一）用霍兰德兴趣类型理论初探职业兴趣

霍兰德认为：职业选择是人格的一种表现，某一类型的职业通常会吸引具有相同人格特质的人，这种人格特质反映在职业上，就是职业兴趣。

大多数人的职业兴趣（人格）可以归纳为六种类型：实用型（realistic，简称 R）、研究型（investigative，简称 I）、艺术型（artistic，简称 A）、社会型（social，简称 S）、企业

型（enterprising，简称 E）和事务型（conventional，简称 C）。同一职业团体内的人有相似的人格特质，因此，他们对情境和问题会有类似的看法，从而产生特定的职业氛围，即职业环境。这种职业环境具有特定的价值观念、态度倾向和行为模式。由此，工作环境也可以分为六种类型，其名称和性质与人格类型的分类一致。

人格类型和职业环境之间的适配可以增强个人的工作满意度、职业稳定性和职业成就感。霍兰德职业兴趣类型、特点及典型职业如表 1-1 所示。

表 1-1 霍兰德职业兴趣类型、特点及典型职业

类型	共同特点	典型职业
实用型（R）	情绪稳定、有耐心、坦诚直率，动手能力强，但不善言辞，喜欢在讲求实际、需要动手的环境中从事明确、固定的工作，依既定的规则，逐步制作完成有实际用途的物品。具有顺从、坦率、谦虚、自然、坚毅、实际、有礼、害羞、稳健、节俭的特征 其行为表现如下：① 喜爱实用型的职业或情境，不喜社会型的职业或情境；② 善用具体、实际的能力解决工作及其他方面的问题，较缺乏人际关系方面的能力；③ 重视具体的事物，如金钱、权力、地位等	印刷出版、工程监理、公交车或卡车司机、电工、工程师、急救护理、搬运或物流工作者、园林设计、机器操作员、设备维修人员、飞行员、管道工或暖气工、调查员、电话网络安装员、车床工或模具工、木匠、汽车修理工、军官、足球教练等
研究型（I）	喜欢观察、思考、分析与推理，喜欢用头脑依自己的步调来解决问题，并追根究底，不喜欢别人的指引，工作时不喜欢有很多规矩和时间压力。做事时，他们能提出新的想法和策略，但对解决实际问题的细节无兴趣。不是很在意别人的看法，喜欢和有相同兴趣或者专业的人交往，否则宁愿自己看书或者思考。具有善于分析、谨慎、批判、好奇、独立、聪明、内向、有条理、谦逊、做事精确、理性、保守等特征 其行为表现如下：① 喜爱研究型的职业或情境，不喜企业型的职业或情境；② 善用研究的能力解决工作及其他方面的问题，即自觉、好学、自信，重视科学，但缺乏领导方面的才能	人类学家、建筑师、天文学家、生物学家、植物学家、化学专家、建筑工程师、程序员、软件工程师、系统分析员、法医、牙医、经济学家、电机工程师、食品分析员、犯罪学家、地理学家、市场调查分析员、医疗实验技术员、气象研究员、网络运营管理者、海图绘制员、验光师、整形医生、病理分析员、药剂师、精神病医生、心理学者、城市规划员、兽医实验员、生物学家、心理学家、大学教授等
艺术型（A）	直觉敏锐、善于表达与创新；希望凭借文字、声音、色彩等形式来表达创造力和美的感受；喜欢独立作业，但不希望被忽略，在无拘无束的环境下工作效率最高；喜欢创造不平凡的事物，不喜欢管人和被管；和朋友的关系比较随性。具有善于想象、冲动、独立、直觉性强、无秩序、情绪化、理想化、不顺从、有创意、富有表情、不重实际等特征 其行为表现如下：① 喜爱艺术型的职业或情境，不喜传统型的职业或情境；② 富有表达能力和直觉，拥有艺术与音乐方面的能力（包括表演、写作、语言等），并重视审美的领域	演员、广告创作或管理人员、动画与漫画工作人员、编舞者、作曲者、设计师（包括产品设计、时装设计、花艺设计、平面设计、商标设计、装修设计、工业设计、展台设计等）、电影及电视导演、编辑、画廊工作人员、教师、商品陈列员、音乐家、歌手、摄影师、出品人或制作人、电台主持人、记者、厨师等

（续表）

类型	共同特点	典型职业
社会型（S）	对人和善，容易相处，关心自己和别人的感受，喜欢倾听和了解别人，也愿意付出时间和精力去解决别人的冲突，交友广阔，关心别人胜于关心工作。具有合作、友善、慷慨、助人、仁慈、负责、圆滑、善社交、善解人意、理想主义、富洞察力等特征 其行为表现如下：① 喜爱社会型的职业或情境，不喜实用型的职业或情境，擅以社交方面的能力解决工作其他方面的问题，但缺乏领导能力；② 喜欢帮助别人、了解别人，有教导别人的能力，并重视社会与伦理方面的活动与问题	人类学家、儿童看护员、神职人员、心理治疗师、咨询师（教育咨询、职业规划咨询、个人咨询等）、健身或塑身教练、家庭健康助理、翻译、法律顾问、护士、公务员、社工、教师（幼儿园、小学、初高中、矫正教育、特殊教育、成人教育）、治疗师（身体疗养、语言治疗、职业生涯诊断、艺术治疗）、牧师等
企业型（E）	精力旺盛、生活节奏紧凑、好冒险竞争，做事有计划、行动迅速，不愿意花太多时间仔细研究，希望拥有权力去解决不合理的事情；希望自己的表现被人肯定，并成为团体的焦点人物。具有爱冒险、有野心、独断、冲动、乐观、自信、追求享受、精力充沛、善于社交、希望获取注意和知名度等特征 其行为表现如下：① 喜欢企业型的职业或环境，不喜研究型的职业或情境，会以企业方面的能力解决工作或其他方面的问题；② 缺乏科学能力，但重视政治与经济上的成就	律师、酒保、采购员、理赔员、调查员（保险员）、项目经理、犯罪调查员、侦探、物流工作者、人事经理、财务规划师、空乘人员、生产商、公共关系管理人员、销售员（零售、批发销售、广告销售、房地产销售、保险销售、医药销售、证券销售）、推广人员、股票、经纪人、导游、政治家、企业经理、电视制片人等
事务性（C）	个性谨慎，做事讲求规矩和精确，喜欢在有清楚规范的环境下工作；做事按部就班、精打细算，给人的感觉是有效率、精确、仔细、可靠而有信用；生活哲学是稳扎稳打，不喜欢改变或创新，也不喜欢冒险和领导，会选择和自己志趣相投的人成为好朋友。具有顺从、谨慎、保守、自控、服从、规律、坚毅、实际、稳重、有效率但缺乏想象力等特征 其行为表现如下：① 喜欢传统型的职业情境，不喜艺术型的职业与情境；② 会以传统的能力来解决工作或其他方面的问题；③ 有一定的书写与计算能力，并重视商业与经济上的成就	会计师、精算师、行政助理、档案管理员、审计员、出纳员、图书管理员、收银员、计算机维护员、文字编辑、法庭书记员、客服人员、经济学家、财务分析员、办公室职员、校对者、前台接待、税务申报员、助理教师、银行家、办事员、税务员等

请根据表 1-1 中的霍兰德职业兴趣类型认识自己的兴趣类型及对应的职业。

（1）请用笔在与你自身特点相符合的语句下面画横线。

（2）请用你喜欢的彩色笔写出表 1-1 中与你最符合的三句话，并结合自己过往的人生经历和同学们分享一个相关故事。

____

____

____

（3）用你最不喜欢的彩色笔写出表 1-1 中与你最不符合的三句话。

______

______

______

（4）请在表 1-1 的职业列表中勾画出自己感兴趣的职业名称，三个人一组，对其中选出的一个职业进行头脑风暴，让大家尽可能列出这个职业的特质。然后，请尽可能找出其他与此类似的职业。

例如，空乘的特质：倾听、助人、提供服务、紧急情况处理、喜欢旅行、对人亲切友善等。有类似特质的其他职业：教师、旅行代理人等。

______

______

______

（5）写出三到五个感兴趣的职业，仔细观察，找出其中的共性。

例如，感兴趣的三个职业：心理治疗师、新闻编辑、销售代表。共性如下：与人打交道，需要创意、解决问题的能力及良好的人际交往技能，可以传播教育、编写或者销售理念给别人。

______

______

______

（二）用霍兰德代码测试职业兴趣

1. 霍兰德六角形模型

霍兰德用六角形模型来解释六种类型之间的关系，如图 1-2 所示。在六角形上，任何两种类型之间的距离越近，其职业环境及人格特质的相似程度就越高，或者说它们的一致性就越高。例如，企业型和社会型在六角形模型上是相邻的类型，它们的相似性也最高。因为这两种类型的人都比其他类型的人更喜欢与人打交道，只是他们打交道的方式不同而已。而处于六角形对角线位置上的两种类型就缺少一致性，且具有相反的特质。例如，事务型和艺术型在六角形模型上是相反的类型，事务型的人喜欢循规蹈矩，而艺术型的人则追求自由与个性化。

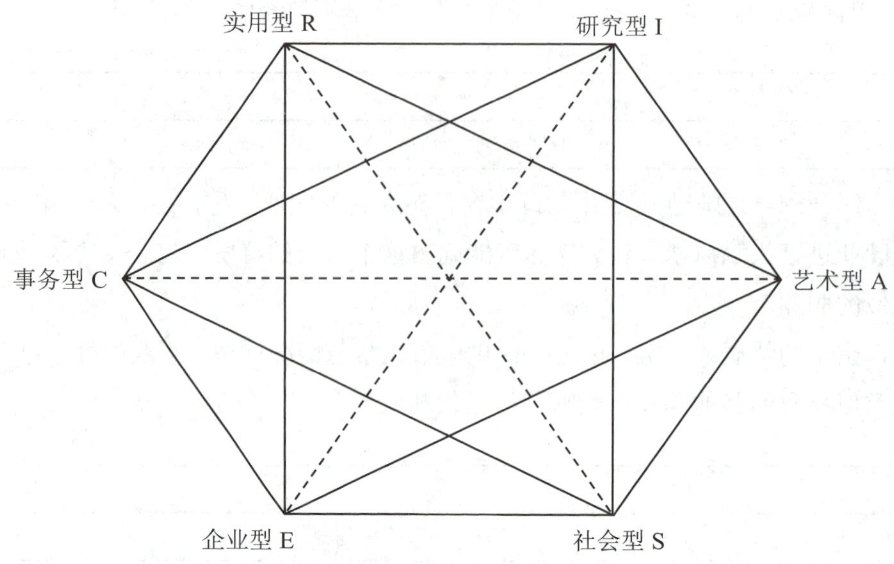

图 1-2　霍兰德六角形模型

2．霍兰德代码

个人的职业兴趣往往是多方面的，因此通常用三个字母（代表最强的三种兴趣类型）的代码来表示一个人的职业兴趣，这个代码就称为“霍兰德代码”（Holland code）。三个字母的顺序表示不同兴趣类型强弱程度的不同。个人在六个类型上的得分高低，体现出个人的兴趣（人格）分化与否（区分性）。如果六个类型的得分有较大差异，则代表个人的人格特质发展或对职业环境的偏好比较清晰；如果六个类型的得分比较接近，则表示个人的职业兴趣不够明确。

霍兰德代码中占主导地位的兴趣类型可以为个人选择职业和工作环境提供方向，因此，大学生可以通过霍兰德代码了解自己的职业兴趣，并根据它来探索及理解工作世界。通过自我探索活动或者测评工具得出自己的兴趣代码后，就可以对照找出与之相配的职业，从而了解适合自己的工作领域。

（三）兴趣理论对我们的启示

（1）职业与我们现在所学的专业并不是简单的一对一关系，同一个专业其实有相当多的职业可以选择。例如，护理专业的学生可以依据个人的兴趣来选择不同的职业，如儿科护士、内科护士、外科护士等。

（2）我们可以把自己的兴趣与所学专业很好地结合在一起，最大可能地满足自己的愿望。例如，一个学生喜欢幼教工作，却选择了护理专业，他可以考虑将来做一名儿科护士，或者到幼儿园当一名保健员。

（3）我们提倡在选择职业时，尽量达到兴趣与职业的匹配，但实际上完全的匹配只是我们努力追求的一种理想状态。因此，除了工作，我们还可以在生活中的其他方面来满足自己的兴趣，不必强求兴趣与职业的完全匹配。

（4）人的职业兴趣是可以培养的。社会需要是职业兴趣产生的基础，专业学习和社会实践是职业兴趣形成和发展的动力。根据实际需要，个人可以通过多种途径和自身的努力去改变和发展职业兴趣。例如，部分专业的大学生在最初接触相关职业时，缺乏强烈的兴趣，必须要从间接兴趣着手培养直接兴趣，也可以通过了解相关职业的发展机会和前景引起兴趣，还可以通过专业实践逐步提高兴趣。

案例精选

职业兴趣的妙用

某年 3 月，小王所在的公司召开部门经理会议，再次讨论困扰公司已久的顾客对一线员工的投诉问题。总经理要求人力资源部门也介入调查，并在一个月内找出答案——是员工的素质问题、领导方法问题，还是管理制度的问题？

这个让各部门经理们束手无策的问题，对刚上任不到 3 个月的小王来说，确实是一个不小的挑战。小王经过初步调查，有一个奇怪的发现：公司销售部、售后服务部、咨询部共 300 多名一线员工中，大部分得到上级主管好评的，其顾客评分都较低；相反，大部分顾客评分较高的一线员工，其上级主管评分都较低。

小王的公司实行的是主管考评的绩效管理制度。但对直接服务顾客的一线员工，公司也会同时进行顾客满意度的跟踪调查：针对每个员工，公司每个月会联系 25 位顾客，请他们就所接受服务的质量打分，调查持续 12 个月，每个员工会得到 300 位顾客的评分。通过认真分析这些数据，人力资源部门发现，上级主管考评与顾客评分之间实际上并无明显联系。

正当小王感到茫然无措时，通过人力资源管理咨询公司，他接触到了“职业兴趣理论”。这是由著名职业指导专家霍兰德提出的理论，其主要观点是：每个人的性格和天赋决定了其职业兴趣。劳动者找到了适宜的职业，其才能与积极性才能得以发挥。

以往，该理论主要应用于招聘，人们在选择工作时，经常通过职业兴趣测试来帮助了解自己适合做什么类型的工作。小王尝试着把这种理论应用到绩效管理中。在咨询公司的帮助下，他采用职业兴趣测试工具（直觉测试）和性格测试工具对每个员工进行测试，再一对一面谈，以掌握每个人的霍兰德代码和性格特点。

调查结果显示，得到顾客较高评分的121位员工中，社会型的员工占96%，企业型的员工占89%；而得到上级主管较高评分的130位员工中，事务型的员工占98%。

这个结果说明，社会型的员工和企业型的员工容易受到顾客的好评，而事务型的员工则容易受到上级主管的好评。按照霍兰德的职业兴趣理论，不难理解：社会型的人有自己的主见和特长，喜欢从事为他人服务的工作；企业型的人善交际、口才好，能影响他人；而事务型的人尊重权威、习惯接受他人指挥和领导、工作踏实、忠诚可靠，上级主管当然喜欢。

同时，小王还发现另一个有趣的现象：这300多名员工分别是由两个经理招聘录用的：李经理挑选的员工中，研究型占99%、事务型占82%、社会型占56%；张经理挑选的员工中，社会型占93%、事务型占68%、研究型占16%。而李经理本人是研究型的，张经理本人是社会型的。很明显，负责招聘的主管人员倾向于聘用与自己同类型的人。

小王这回胸有成竹了，他提出了建议调整招聘制度和绩效管理制度的报告：

（1）摈弃主管考评制度，代之以比较客观的业绩评估，即顾客满意度评分的绩效管理制度。

（2）把社会型或企业型的职业兴趣类型作为招聘一线服务岗位员工的标准。

（3）将招聘程序改修改如下：首先通过人力资源中心测试，挑选出社会型或企业型的候选人，然后人力资源部将这些候选人推荐给部门经理，最后由部门经理确定最终的人选。

进行以上改革半年后，该公司社会型和企业型的一线员工比例增长了26%，平均顾客评分大大提高。

（资料来源：https://www.sohu.com/a/140875955_499208，有改动）

实践拓展

1. 完成一份“大学学业规划”

具体步骤如下：

（1）了解自我：从多个方面全面分析个人的优缺点。

例如，理论知识方面、操作技能方面、工作能力方面、社会实践能力方面等。

（2）了解环境：分析自己所处的环境特点。

例如，所就读的学校、所选择的专业、目前所读的年级等。

（3）明确目标：大学期间希望达到的主要目标，可分为短期目标和长期目标，或者阶段性目标和总体目标。

（4）实施计划：完成目标所需要的计划和步骤。

2．职业兴趣测评

本测验将帮助您发现和确定自己的职业兴趣和能力特长，从而更好地做出求职择业的决策。如果您已经考虑好或者选择好了自己的职业，本测验将使您的这种考虑或选择具有理论基础，或向您展示其他合适的职业；如果您至今尚未确定职业方向，本测验将帮助您根据自己的情况选择一个恰当的职业目标。

本测验共有七个部分，每部分测验都没有时间限制，但请您尽快按要求完成。

第一部分　您心目中的理想职业（专业）

对于未来的职业（或升学进修的专业），您也许早有考虑，它可能很抽象、很朦胧，也可能很具体、很清晰。不论是哪种情况，现在都请您把自己最想干的三种工作或最想读的三种专业，按顺序写下来。

____

____

____

第二部分　您所感兴趣的活动

下面列举了若干种活动，请就这些活动判断您的好恶。喜欢请在“是”栏打“√”，不喜欢则在“否”栏打“√”，请按顺序回答全部问题。这一部分测验是为了确定您的职业兴趣，而不是让您选择工作，您喜欢某种活动并不意味着您一定要从事这项活动，答题时不必考虑过去是否做过或是否擅长这项活动，只根据您的兴趣直接判断即可，请务必答完每一道题。

（一）R：实用型活动	是	否
1．装配修理电器或玩具	□	□
2．修理自行车	□	□
3．用木头做东西	□	□
4．开汽车或摩托车	□	□
5．用机器做东西	□	□
6．参加木工技术学习班	□	□
7．参加制图、描图学习班	□	□
8．驾驶卡车或拖拉机	□	□
9．参加机械和电器学习班	□	□

10．装配和修理机器	□	□

统计“是”栏的数量：__________

（二）A：艺术型活动	是	否
1．素描、制图或绘画	□	□
2．参加话剧、戏剧	□	□
3．设计家具、布置室内	□	□
4．练习乐器、参加乐队	□	□
5．欣赏音乐或戏剧	□	□
6．看小说、读剧本	□	□
7．从事摄影创作	□	□
8．写诗或吟诗	□	□
9．参加艺术培训班	□	□
10．练习书法		

统计“是”栏的数量：__________

（三）I：研究型活动	是	否
1．读科技图书和杂志	□	□
2．在实验室工作	□	□
3．改良水果品种，培育新的水果	□	□
4．调查了解土和金属等物质的成分	□	□
5．研究自己选择的特殊问题	□	□
6．解算术题或玩数学游戏	□	□
7．物理课	□	□
8．化学课	□	□
9．几何课	□	□
10．生物课	□	□

统计“是”栏的数量：__________

（四）S：社会型活动	是	否
1．学校或单位组织的正式活动	□	□
2．参加某个社会团体或俱乐部的活动	□	□
3．帮助别人解决困难	□	□
4．照顾儿童	□	□
5．出席晚会、联欢会、茶话会	□	□

6．和大家一起出去郊游	□	□
7．想获得关于心理方面的知识	□	□
8．参加讲座或辩论会	□	□
9．观看或参加体育比赛和运动会	□	□
10．结交新朋友	□	□

统计“是”栏的数量：__________

（五）E：企业型活动	是	否
1．说服鼓动他人	□	□
2．卖东西	□	□
3．谈论政治	□	□
4．制订计划、参加会议	□	□
5．以自己的意志影响别人的行为	□	□
6．在社会团体中担任职务	□	□
7．检查与评价别人的工作	□	□
8．结交名流	□	□
9．指导有某种目标的团体	□	□
10．参与政治活动	□	□

统计“是”栏的数量：__________

（六）C：事务型（传统型）活动	是	否
1．整理好桌面或房间	□	□
2．抄写文件或信件	□	□
3．为领导写报告或公务信函	□	□
4．检查个人收支情况	□	□
5．参加打字培训班	□	□
6．参加算盘、文秘等实务培训	□	□
7．参加商业会计培训班	□	□
8．参加情报处理培训班	□	□
9．整理信件、报告、记录等	□	□
10．写商业贸易信	□	□

统计“是”栏的数量：__________

第三部分　您所擅长或胜任的活动

下面列举了若干种活动，其中您能做或大概能做的事，请在“是”栏打“√”，反之在“否”栏打“√”。请回答全部问题。

（一）R：实用型活动	是	否
1．能使用电钻或锉刀等木工工具	□	□
2．知道万用表的使用方法	□	□
3．能够修理自行车或其他机械	□	□
4．能够使用电钻床、磨床或缝纫机	□	□
5．能给家具或木制品刷漆	□	□
6．能看建筑设计图	□	□
7．能够修理简单的电器用品	□	□
8．能修理家具	□	□
9．能修理收音机	□	□
10．能简单地修理水管	□	□

统计“是”栏的数量：__________

（二）A：艺术型能力	是	否
1．能演奏乐器	□	□
2．能参加二部或四部合唱	□	□
3．能独唱或独奏	□	□
4．能扮演剧中角色	□	□
5．能创作简单的乐曲	□	□
6．会跳舞	□	□
7．能绘画、素描，会书法	□	□
8．会雕刻、剪纸或泥塑	□	□
9．能设计板报、服装或家具	□	□
10．写得一手好文章	□	□

统计“是”栏的数量：__________

（三）I：研究型能力	是	否
1．懂得真空管或晶体管的作用	□	□
2．能够列举三种蛋白质含量丰富的食品	□	□
3．理解铀的裂变	□	□
4．能用计算尺、计算器、对数表	□	□

	是	否
5. 会使用显微镜	□	□
6. 能找到三个星座	□	□
7. 能独立进行调查研究	□	□
8. 能解释简单的化学反应	□	□
9. 理解人造卫星为什么不落地	□	□
10. 经常参加学术会议	□	□

统计“是”栏的数量：__________

（四）S：社会型能力	是	否
1. 有向各种人进行说明解释的能力	□	□
2. 常参加社会福利活动	□	□
3. 能和大家一起友好相处并工作	□	□
4. 善于与年长者相处	□	□
5. 会邀请人、招待人	□	□
6. 能简单易懂地教育儿童	□	□
7. 能安排会议等活动顺序	□	□
8. 善于体察人心和帮助他人	□	□
9. 帮助护理病人和伤员	□	□
10. 安排社团组织的各种事务	□	□

统计“是”栏的数量：__________

（五）E：企业型能力	是	否
1. 担任过学生干部并且干得不错	□	□
2. 工作上能指导和监督他人	□	□
3. 做事充满活力和热情	□	□
4. 有效利用自身的做法调动他人	□	□
5. 销售能力强	□	□
6. 曾作为俱乐部或社团的负责人	□	□
7. 向领导提出建议或反映意见	□	□
8. 有开创事业的能力	□	□
9. 知道怎样做能成为一个优秀的领导者	□	□
10. 健谈善辩	□	□

统计“是”栏的数量：__________

（六）C：事务型能力	是	否
1. 能熟练地进行中文打字	□	□
2. 会用外文打字机或复印机	□	□
3. 能快速记笔记或抄写文章	□	□
4. 善于整理、保管文件和资料	□	□
5. 善于从事事务性的工作	□	□
6. 会用算盘	□	□
7. 能在短时间内分类和处理大量文件	□	□
8. 能使用计算机	□	□
9. 能搜集数据	□	□
10. 善于为自己或集体做财务预算表	□	□

统计“是”栏的数量：__________

第四部分　您所喜欢的职业

下面列举了多种职业，请逐一查看，如果是您感兴趣的工作，请在“是”栏打“√”；如果是您不喜欢、不关心的工作，请在“否”栏打“√”。请回答全部问题。

（一）A：实用型职业	是	否
1. 飞机机械师	□	□
2. 野生动物专家	□	□
3. 汽车维修工	□	□
4. 木匠	□	□
5. 测量工程师	□	□
6. 无线电报务员	□	□
7. 园艺师	□	□
8. 长途公共汽车司机	□	□
9. 火车司机	□	□
10. 电工	□	□

统计“是”栏的数量：__________

（二）S：社会型职业	是	否
1. 街道、工会或妇联干部	□	□
2. 小学、中学教师	□	□
3. 精神病医生	□	□
4. 婚姻介绍所工作人员	□	□
5. 体育教练	□	□

6. 福利机构工作者 □ □
7. 心理咨询员 □ □
8. 共青团干部 □ □
9. 导游 □ □
10. 国家机关工作人员 □ □

统计“是”栏的数量：__________

（三）I：研究型职业 是 否

1. 气象学者或天文学者 □ □
2. 生物学者 □ □
3. 医学实验室的技术人员 □ □
4. 人类学者 □ □
5. 动物学者 □ □
6. 化学学者 □ □
7. 数学学者 □ □
8. 科学杂志的编辑或作家 □ □
9. 地质学者 □ □
10. 物理学者 □ □

统计“是”栏的数量：__________

（四）E：企业型职业 是 否

1. 厂长 □ □
2. 电视剧制片人 □ □
3. 公司经理 □ □
4. 销售员 □ □
5. 不动产推销员 □ □
6. 广告部部长 □ □
7. 体育活动主办者 □ □
8. 销售部部长 □ □
9. 个体工商业者 □ □
10. 企业管理咨询人员 □ □

统计“是”栏的数量：__________

（五）A：艺术型职业 是 否

1. 乐队指挥 □ □
2. 演奏家 □ □
3. 作家 □ □

4. 摄影家 □ □
5. 记者 □ □
6. 画家、书法家 □ □
7. 歌唱家 □ □
8. 作曲家 □ □
9. 电影电视演员 □ □
10. 电视节目主持人 □ □

统计“是”栏的数量：__________

（六）C：事务型职业　是　否

1. 会计师 □ □
2. 银行出纳员 □ □
3. 税收管理员 □ □
4. 计算机操作员 □ □
5. 会计人员 □ □
6. 成本核算员 □ □
7. 文书档案管理员 □ □
8. 打字员 □ □
9. 法庭书记员 □ □
10. 人口普查登记员 □ □

统计“是”栏的数量：__________

第五部分　您的能力类型简评

表 1-2 和表 1-3 是您在六个职业能力方面的自我评定表。您可以先与同龄者比较自己在每个方面的能力，然后经过斟酌后对自己的能力进行评估，评估后请在表中最后一栏填上适当的数字（1~7），数字越大，表示您的能力越强。注意：请勿全部填写同样的数字，因为人的每项能力不可能完全一样。

表 1-2　职业能力自我评定表 1

R 型	I 型	A 型	S 型	E 型	C 型
机械操作能力	科学研究能力	艺术创作能力	解释表达能力	商务洽谈能力	事务执行能力
7654321	7654321	7654321	7654321	7654321	7654321

表 1-3　职业能力自我评定表 2

R 型	I 型	A 型	S 型	E 型	C 型
体育技能	数学技能	音乐技能	交际技能	领导技能	办公技能
7654321	7654321	7654321	7654321	7654321	7654321

第六部分　确定您的职业兴趣

请将第二部分至第五部分的全部测验分数按六种职业兴趣类型（R 型、I 型、A 型、S 型、E 型、C 型）填入表 1-4 中，并进行纵向累加（第二部分至第四部分每题选“是”的数量即为该题得分）。

表 1-4　职业兴趣得分统计

测试	R 型	I 型	A 型	S 型	E 型	C 型
第二部分						
第三部分						
第四部分						
第五部分 1						
第五部分 2						
总分						

请将上表中的六种职业兴趣按总分由大到小的顺序从左到右依次排列：

________型、________型、________型、________型、________型、________型

得分最高的职业类型就是最适合你的职业。例如，你在 I 型上得分最高，说明你适合做自然科学方面的研究工作，如气象研究、生物学研究和天文学研究等，或者做科学杂志编辑等。

3．兴趣岛测试——您适合什么职业

恭喜您！您获得了一次免费度假旅游的机会，有机会去下面六个岛屿中的一个，唯一的要求是您必须在这个岛屿上待满至少半年的时间。请不要考虑其他因素，仅凭您的兴趣按一、二、三的顺序找出您最向往的三个岛屿。

岛屿 A：美丽浪漫的岛屿。岛上到处都是美术馆、音乐厅、街头雕塑和街边艺人，弥漫着浓厚的艺术文化气息。当地的居民有很强的艺术、创新和直觉能力，他们保留了传统的舞蹈、音乐和绘画，许多文艺界的朋友都喜欢来这里寻找灵感。

岛屿 C：井然有序的岛屿。岛上建筑十分现代化，是进步的都市形态，以完善的户政

管理、地政管理、金融管理见长。岛民个性冷静保守，做事有条不紊，精于组织策划，细心高效。

岛屿 R：自然原始的岛屿。岛上保留有原始森林，自然生态保持得很好，有各种各样的野生动物。岛上居民的生活状态还相当原始，他们以手工见长，自己种植瓜果蔬菜、修缮房屋、打造器物、制作工具，还喜欢户外活动。

岛屿 S：友善亲切的岛屿。岛上居民个性温和、友善，乐于助人，各社区共同组成一个密切互动的服务网络，人们重视互助合作和教育，关怀他人，岛上充满人文气息。

岛屿 I：深思冥想的岛屿。岛上人迹较少，建筑物多僻处一隅，平畴绿野，适合夜观天象，岛上有多个天文馆及科学图书馆等。岛上居民喜好观察、学习、探究、分析，崇尚和追求真知，常有机会和来自各地的哲学家、科学家、心理学家等交换心得。

岛屿 E：显赫富庶的岛屿。岛上的居民善于企业经营和贸易，能言善道，以口才见长。岛上经济高度发达，处处是高级饭店、俱乐部、高尔夫球场。来往者多是企业家、经理人、政治家、律师等，这里曾数次召开财富论坛和各行业的巅峰会议。

请回答下列问题：

（1）您首选做哪个岛上的居民？对什么工作会产生浓厚的兴趣？

（2）归纳您首选岛屿的主题与关键词：________________________。

（3）您的霍兰德代码是：__________________________________，与此相关的职业有：____。

说明：这六个岛屿实际上代表霍兰德提出的六种职业兴趣类型。您找出的自己最有兴趣的前三个类型即您的霍兰德代码，参考霍兰德职业索引（见附录），可找出相对应的职业名称。

（4）假如可以从事您感兴趣的职业，您会呈现出怎样的状态？

（5）周围人中是谁最先看到您的这种状态？她（他）看到您时您正在做些什么？又对您说过些什么话？

（6）从事这种职业的愿望和信心很强是 10 分，相反为 0 分，目前您为自己打几分？若想提高 1 分，您会做些什么？

第二章 职业世界探索

知识与能力目标：

- 熟悉影响职业生涯发展的各种环境因素
- 熟悉探索目标职业世界的具体内容
- 掌握探索职业世界的具体方法

素质目标：

- 树立职业理想，努力将个人理想融入国家发展的宏伟目标之中

引导案例——个人理想与国家发展相连

“人们常说人要有一技之长，如果当初我没有去上职校，我肯定不会有今天的成就。”青海交通投资有限公司的韩伟学骄傲地说。

1998 年，初中毕业的韩伟学考入了青海交通职业技术学院，进入职校后，韩伟学选择了公路与桥梁专业，就是这三年的学习为他多彩的人生打好了底色。

“我之所以想报公路与桥梁专业，是因为我深深地知道要想富先修路。我是来自循化撒拉族自治县查汗都斯乡的撒拉族孩子，那时候去县城上学，要骑一个小时自行车再走 13 公里的路才能到，那时候我就想如果路好了，我们就不会这么辛苦了。”韩伟学说。

从青海交通职业技术学院毕业后的他，选择到公路建设的最前沿、最基层工作。韩伟学说，修路这项工作并不轻松，工作现场大多在高寒缺氧地区。“我毕业的时候正好赶上西部大开发，青海这片土地生我养我也培养了我，我想留在这里为家乡人民做更多的事，我想把我学到的回报给这片土地，所接受的职业教育给了我满满的信心。”

从工程施工到工程监理，再到项目管理，韩伟学一路走下去。“我们班当时 46 个同学，如今百分之八十的同学到现在跟我一样从事着本专业，我们就想为道路建设多做一点贡献，参与到青海的经济发展当中来，为家乡的老百姓修更多更好的道路。这也影响到下一代，我很多朋友的孩子都想上职校，希望学到一技之长。”

（资料来源：https://www.tech.net.cn/web/articleview.aspx?id=20170614092725373&cata_id=lxqq，有改动）

案例中，韩伟学毕业时正好赶上西部大开发，于是他便抓住这次机会，选择到青海，为家乡建设贡献自己的力量，从而也实现了自己的职业规划。所以，对于一个要进行职业生涯规划的人来说，探索职业世界是一件非常重要的事。掌握一定的探索策略与方法，才能使我们更客观、更全面地认识职业，才能帮助我们更合理、更有效地进行职业规划。

第一节 职业环境分析

进行职业环境分析，主要是为了了解各种环境因素对自己职业生涯发展的影响。环境因素是客观的，是不以人的意志为转移的，但是环境因素却是可以选择和利用的。通过职业环境分析弄清环境对职业发展的要求、影响及作用，对各种影响因素加以衡量、评估，才能在复杂的环境中趋利避害，使职业生涯规划更有实际意义。职业环境分析主要包括社会环境分析、区域环境分析、学校及家庭环境分析。

想一想

如果你即将毕业，在进行职业选择时，要考虑哪些方面的因素？

一、社会环境分析

所谓社会环境分析，就是对我们所处的社会政治环境、经济形势、文化环境、行业发展等宏观因素的分析。人是社会的产物，人的生存和发展离不开社会，社会环境对我们的职业生涯具有重大影响。通过对社会环境的分析，我们可以对当前所处社会的政治、经济、文化等方面有一定的了解和认知，以便更好地寻求各种发展机会。

（一）社会政治环境

社会政治环境是指制约和影响企业的各种政治要素及其运行时所形成的环境系统。社会政治因素对企业的影响是非常巨大的，而企业的发展变化则对我们个人的职业生涯有着举足轻重的作用。我们要了解国际、国内的政治环境，国家政治形势及其变化等。现如今，中国特色社会主义进入了新时代。这个新时代是承前启后、继往开来的时代，是决胜全面建成小康社会、进而全面建设社会主义现代化强国的时代，是全国各族人民团结奋斗、不断创造美好生活、逐步实现全体人民共同富裕的时代，是全体中华儿女勠力同心、奋力实现中华民族伟大复兴中国梦的时代，是我国日益走近世界舞台中央、不断为人类做出更大贡献的时代。

案例精选

"限塑令"带来了商机

2007年12月31日，中华人民共和国国务院办公厅下发了《国务院办公厅关于限制生产、销售、使用塑料购物袋的通知》。这份被群众称为"限塑令"的通知明确规定："从2008年6月1日起，在全国范围内禁止生产、销售、使用厚度小于0.025毫米的塑料购物袋。"

"限塑令"的出台和实施是国家进行生态环境治理的重要举措之一。小陈在"限塑令"中发现了商机，通过市场考察，他发现利用无纺布做材料生产的购物袋，生产周期短、成本低，而且还能够自然分解，燃烧时无毒、无味、无残留，不会对环境造成污染。小陈在家人的帮助下开办了一个小型环保购物袋厂，产品物美价廉，很受欢迎，不久便销路大开，利润十分可观。

（资料来源：https://wenku.baidu.com/view/626de498770bf78a652954a8.html，有改动）

（二）社会经济形势

社会经济形势对我们的职业选择和职业发展有着重大影响。社会经济繁荣，使得新兴行业不断出现，这就要求社会为各个新兴行业提供所需的人才，人们也因此获得更多的就业与晋升机会。经济发展停滞甚至衰退则会导致失业率增加，个人的职业选择和职业发展也会变得更加困难。

1. 世界经济形势

近年来，世界经济增速明显提升，劳动市场持续改善，大宗商品价格有所上涨，国际贸易增速提高。全球经济出现强劲复苏态势，新兴经济体和发展中国家是拉动全球经济强劲复苏的主要力量。经济全球化带来资本在全球范围内的重新优化配置和国际上的重新分工，意味着有限的就业岗位在全球的重新配置。

2. 国内经济形势

当前，中国经济增长的内在动力较强，经济保持中高速增长，在世界主要国家中名列前茅。另外，国家大力实施创新驱动发展战略，创新型国家建设成果丰硕，"天宫""蛟龙""天眼""悟空""墨子""大飞机"等重大科技成果相继问世，开放型经济新体制逐步健全，对外贸易、对外投资、外汇储备也稳居世界前列。

（三）社会文化因素

行业与职业的关系

社会文化因素是指在一种社会形态下形成的价值观念、生活方式、宗教信仰、人口状况、教育程度、道德规范、审美观念以及世代相传的风俗习惯等方面的因素。这些因素是人类在长期的生活和成长过程中逐渐形成的，人们总是自觉或不自觉地接受这些准则并把它作为行动的指南。社会文化因素对我们的职业生涯规划有多方面的影响。例如，在大学生择业过程中出现的公务员热、考研热等现象，都是社会文化对职业规划产生影响的生动实例。我们只有顺应当前的就业形势和就业政策，从个人实际、社会需求和长远发展入手，树立正确的就业观，才能在竞争激烈的就业市场中找到发挥自己能力的场所。

（四）行业发展动向

社会是发展变化的，行业变迁是社会分工变化的必然结果，社会在不同时期对不同行业有不同的需求。我们在进行行业动向分析时，要从目标行业的历史发展过程、行业发展现状、行业目前所处的社会地位、国家政策对该行业的影响、国际国内重大事件对该行业的影响、目前的行业优势与问题、行业发展前景及预测等方面进行分析。我国产业及行业的分类如表 2-1 所示。

表 2-1　我国产业及行业分类

产业	行业
第一产业	A．农、林、牧、渔业
第二产业	B．采矿业
	C．制造业
	D．电力、燃气及水的生产和供应业
	E．建筑业
第三产业	F．交通运输、仓储和邮政业
	G．信息传输、计算机服务和软件业
	H．批发和零售业
	I．住宿和餐饮业
	J．金融业
	K．房地产业
	L．租赁和商务服务业
	M．科学研究、技术服务和地质勘查业
	N．水利、环境和公共设施管理业
	O．居民服务和其他服务业

（续表）

第三产业	P．教育
	Q．卫生、社会保障和社会福利业
	R．文化、体育和娱乐业
	S．公共管理与社会组织
	T．国际组织

我国近年来行业发展动向的突出表现是：第一产业的从业人数越来越少，第三产业的从业人数越来越多，就业空间越来越大。我国当前的产业政策是：大力提高第一产业水平，调整提高第二产业，积极发展第三产业，推进产业结构优化升级，形成以高新技术产业为先导、以基础产业和制造业为支撑、服务业全面发展的产业格局。

供给侧结构性改革深入推进，经济结构不断优化，数字经济等新兴产业蓬勃发展，高铁、公路、桥梁、港口、机场等基础设施建设快速推进，农业现代化稳步推进。各行各业的发展为我们提供了大量的就业机会，我们必须善于抓住机遇，才能取得成功。目前我国有发展前景的行业如表 2-2 所示。

表 2-2　21 世纪我国有发展前景的行业

1．网络信息消费与服务业	6．社会保险业
2．家用汽车制造业	7．物流与电信业
3．老年医疗保险业	8．妇女儿童用品业
4．建筑与装潢业	9．餐饮娱乐与服务业
5．旅游休闲及相关产业	10．社会教育业

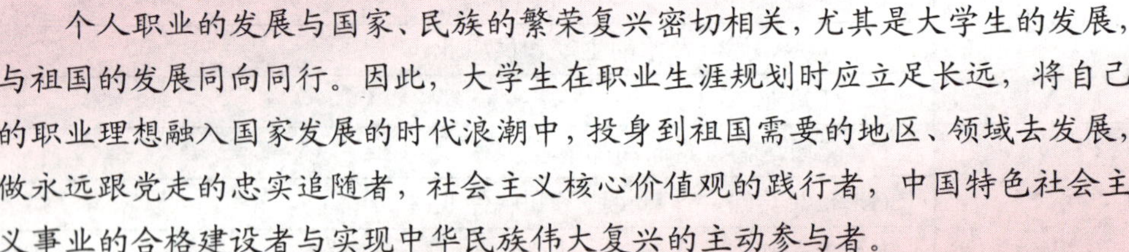

砥节砺行

个人职业的发展与国家、民族的繁荣复兴密切相关，尤其是大学生的发展，与祖国的发展同向同行。因此，大学生在职业生涯规划时应立足长远，将自己的职业理想融入国家发展的时代浪潮中，投身到祖国需要的地区、领域去发展，做永远跟党走的忠实追随者，社会主义核心价值观的践行者，中国特色社会主义事业的合格建设者与实现中华民族伟大复兴的主动参与者。

二、区域环境分析

（一）区域经济发展动向

个人职业生涯的发展离不开国家社会经济发展的大背景，也离不开个人所在地区经济发展的小背景。我国幅员辽阔，各地区差别很大，且都有自己独特的自然、经济和社会条件。国家正大力实施区域协调发展战略，如加大力度支持革命老区、民族地区、边疆地区快速发展，强化举措推进西部大开发形成新格局，深化改革加快东北等老工业基地振兴，发挥优势推动中部地区崛起，创新引领率先实现东部地区优化发展，建立更加有效的区域协调发展新机制等。

（二）区域经济发展的机遇

不同区域有不同的发展特色，对于我们最为熟悉的家乡，有哪些特点和优势，我们可以进行思考和考察，并充分利用家乡的特点和优势来发展自己，这样往往能取得事半功倍的效果。按照以往的情况，经济发达地区特别是东南沿海地区，如上海、广州等地，人才需求旺盛，就业机会多，发展空间大；而经济欠发达地区，如云南、贵州等地，就业机会相对较少，发展空间也相对较小。但是近年来，随着国家大力发展区域经济，这种传统的人才流动模式正在悄悄发生改变。近年来，我国中西部地区经济增长速度加快，对人才的需求也愈加迫切，在人才引进方面有着更多的优惠政策。所以我们在进行职业生涯规划时，可以把眼光投向中西部地区。

关注区域经济的发展，可以捕捉到有利于我们职业生涯发展的机会，也可以验证个人发展目标是否符合经济社会的发展需要。无论当地的经济和社会条件如何，只要我们了解当地的区域经济特色，并加以利用，就一定能为自己找到合适的就业与创业之路，许多成功人士就是通过对区域经济的分析找到了适合自己的发展方向。

案例精选

立足家乡搞创业

李姚生长在浙江省丽水市莲都区峰源乡库坑村，这里如今已经成了中老年人的天下，所以李姚这位“95后”姑娘格外显眼。不仅因为年轻，也因为她是个小有名气的创业者。一年来，她拥有了一个2 000多人的朋友圈、一大批忠实客户，平均每天有五六百元的营业额。每天她都会在朋友圈里叫卖家乡的土特产：“鸭蛋明天就去捡啦，还要的亲现在快下订单哦，数量有限！”

2014年，库坑村的旅游产业迎来了春天。村里创建3A级景区化示范村，民宿、泳池、接待中心等配套设施也纷纷破土而出。看到家乡的兴旺，李姚立即辞去杭州的工作，回家乡创业。李姚对村里的土猪、鸡鸭、香菇等土特产的品质特别自信，她希望这些能成为旅游产品。在与游客交谈的过程中，李姚向他们推销起了村里放养的鸡鸭、散养的土猪、新鲜的蔬菜、可口的香菇及各式各样的干货。游客们对这个能说会道的

“95 后”姑娘很感兴趣，有的加她为微信好友，有的帮她一起宣传，300 人、500 人、800 人……不多久，一个顾客小圈子便形成了。

后来，李姚创办了“瑶瑶高山农产品”，做起了“微商”。她将村民家里各式各样的土货加以“包装”，然后再拍照、配字，统一推送。库坑村距市区有 60 多公里，李姚便每周三次开车到市区送货，记录客户反馈，不断改进。她从经营茭白干开始，得到客户认可后又将经营范围扩大，现在鲜香菇、笋干、千层糕及原生态家禽都已成为她的招牌商品。村民有需要销售的农产品，都会跑去找李姚，多到几百斤的香菇，少到几个鸡蛋，她都能找到买家，而且还会卖个好价钱。

现在的李姚正打算在甜品行业中干一番事业，她早已熟悉了各种蛋糕、布丁、西米露、糯米糍、蛋包饭的做法。她打算开一家集乡村土货和各式点心为一体的综合小店。

（资料来源：http://cpc.people.com.cn/n1/2016/0825/c405916-28666013.html，有改动）

【案例分析】近几年，越来越多的 90 后选择离开一线城市，回家乡发展。例如河南新乡 90 后小伙大新，他用手中的画笔把家乡这个普通的小乡村变成了一个充满童趣的童话世界，吸引了众多游客的同时，也提高了村民们的收入。大学生应树立正确的职业观，将个人理想与家乡、国家相连。

三、学校及家庭环境分析

（一）学校环境

在影响职业生涯规划的环境因素中，学校教育起到了相对主导的作用。学校教育是带有明确目标的系统性教育，是专门培养人的机构，其一切活动几乎都是围绕有目的地培养人而展开的。我们在对学校环境进行分析时，可以从以下几个方面进行。

1. 办学层次与办学理念

办学层次就是本校最高学历能发展到什么程度。我国高校有重点本科、一般本科、独立学院、高职院校之分。根据不同的市场定位，有分别侧重“金融类”“旅游类”“纺织类”“交通类”“农贸类”“工业类”“医疗卫生类”等不同专业类别的院校。不同的专业类别将大致决定毕业生今后所从事职业的方向。

办学理念是教育理念的下位概念，是学校对于“办什么样的学校”和“怎样办好学校”进行深层次思考后的结晶。从某种意义上说，办学理念就是学校的生存理由、生存动力和生存期望的有机构成。从内容上来说，它包括学校理念、教育目的理念、教师理念、治校理念等；从结构上来说，它包括办学目标、工作思路、办学特色等要素。

2. 师资力量与教学资源

师资力量在学生职业发展过程中起到了相对关键的作用。教师是教学过程的组织者、引导者、协调者、评估者，教师在知识的启发与传授过程中占据了主导地位，教师自身的思想状态、心理倾向、教学能力、教学方法与人格魅力等在面对面的教学过程中会不断渗透给学生，促进学生世界观、人生观、价值观的发展与完善。

教学资源包含硬件设备与软件设备。硬件设备主要包括教室场地、教学设备、活动中心、图书馆、医疗设备、体育设备等，软件设备主要包括教学氛围、教学管理、学生服务、学校声望、社会资源等。

3. 校园文化与校友文化

校园文化活动是学生传承校园文化、陶冶情操、树立志向的有效平台。不同的学校有着不同的校园文化，培养出的学生也有不同的特点。校园文化是以学生为主体，以校园为主要空间，以育人为主要导向，以精神文化、环境文化、行为文化和制度文化建设等为主要内容，以校园精神文明为主要特征的一种群体文化。校园文化无处不在，如校园建筑、校园广播、学校校报、宣传橱窗、班级学风、第二课堂等。健康的校园文化可以陶冶学生的情操，启迪学生的心智，促进学生的全面发展，潜移默化地影响学生的主流价值理念。

校友文化是校园文化的一种，母校与校友之间的关系是一种“相互依存、荣辱与共”的关系。校友在工作岗位上所取得的成就能够为母校赢得巨大的社会声誉，校友的先进事迹能够激发在校学生奋发的意志，遍布各地、各行业的校友也能够为母校提供就业信息。从社会效应上来说，校友的就业方向、就业环境、就业理念对毕业生的就业选择都会产生较大的影响。

（二）家庭环境

家庭是人生活的重要场所，人的社会化首先从家庭开始，一个人的性格、价值观、行为模式等均带有家庭的烙印。由父母组成的家庭是人生的第一个环境，父母是孩子的第一任老师，父母的社会经济地位、受教育程度、职业背景、婚姻质量、个性特征等都会对子女产生重大影响。教育家约翰·洛克说：“家庭教育决定了孩子一生的命运。”因此，大学生在进行职业生涯规划时，也要重点考虑家庭的经济状况、家人期望、家族文化等因素。

家庭环境分析即对家庭软、硬环境的分析。其中，家庭软环境是指家庭给人的内在情绪和感受，它对人起着潜移默化的作用，是家庭生活中人与人之间相互联系时所形成的一种气氛；家庭硬环境是指特定的物质条件，它是人得以发展的基础条件。每个人从出生伊始就受到家庭环境的影响，这种影响往往是多方面的、深远的，往往能够影响人的一生。进行家庭环境分析可以从以下几个方面入手。

1. 家庭资源

家庭资源对学习动机有决定作用，家庭资源的合理配置可以为孩子提供良好的物质环境，使他们在压力适中、条件相对较好的家庭环境中，发展独立性和自我管理能力，增进其学习的愿望和主动性。所以，家庭条件好的学生，可以选择多学几门技术或继续深造；家庭条件不好的学生，可能会放弃继续深造的机会，毕业后直接选择就业。

2. 父母文化水平和家人的职业状况

父母的文化水平会直接影响其教养孩子的方式，从而造成孩子不同的品格特点。常见的父母教养方式及孩子相应的品格特点如表 2-3 所示。同样，家人的职业状况也会对孩子的学习及将来的职业规划产生影响。例如，若父母是自己创业，子女在长期的熏陶中也会积累创业的意识和技能。

表 2-3　父母的家庭教养方式与孩子的品格特点

教养类型	教养方式	孩子的品格特点
民主型	接纳—控制：关心、理解、信任、自主、尊重 对孩子高度关怀，中等程度的行为控制；既不娇惯，也不过于严厉；对孩子的行为有明确的规定和要求，并能严格执行；对孩子的期望与要求和孩子的能力相一致；亲子关系平等，如朋友一般	有社会责任感、有成就倾向、自我约束能力强、亲切温和、情绪稳定、深思熟虑、独立、自信、善于协作
专制型	冷淡—控制：命令、苛求、禁止、威胁、惩罚 父母往往表现出缺乏热情的情绪反应，很少考虑孩子自身的愿望和要求；对孩子的一举一动都横加限制，如有违反，会采取强硬措施，甚至动用暴力；亲子关系疏远，以父母为中心	缺乏安全感与归属感、缺少主动性、恐惧、自卑、懦弱、服从、焦虑、倔强、逆反、冷漠、残忍、消极、被动
娇宠型	接纳—不控制：接受、顺从、溺爱、纵容、迁就 对孩子百般疼爱，过分娇宠，处处迁就，事事代劳，对孩子的任何要求都不假思索地答应，对孩子偏袒护短，过度保护，缺乏引导与教育；贴身侍从式的亲子关系，以孩子为中心	缺乏责任感、缺乏创造性、依赖性强、被动、顺从、懒惰、自私、任性、幼稚、野蛮、无礼、唯我独尊、冲动
冷漠型	冷淡—不控制：不闻不问、放任 父母对孩子既缺乏爱的情感和积极反应，又缺少对行为的要求和控制，亲子间交往甚少，父母对孩子缺乏基本的关注与了解，对孩子的一切行为举止采取不加干涉的态度，给孩子一种被忽视的感觉；亲子关系淡漠，各自以自我为中心	缺乏归属感、缺少爱心、缺少责任感、冲动、不顺从、自傲、目中无人、自以为是

3. 家庭内环境和外环境

家庭内环境即自己家里的人或事，一般包括夫妻关系、家长与子女的关系等；家庭外环境即家庭外的环境，如家庭的周围环境、周围人群情况、外部活动场所、外部人际关系等。这些也会对孩子将来的职业规划产生影响。

案例精选

如何选择

小杜是某医学类院校护理专业的学生，她来自一个普通的家庭，家庭收入不高，因此小杜上学时一直都有经济方面的压力。即将面临毕业的她对未来有三种选择。

第一种，立即就业。小杜在暑假通过师姐的推荐，在某月子会所有过一段时间的工作经历。然而在工作过程中，小杜发现工作内容和自己最初的想象有一定的差别，同时也发现自己在与人沟通方面有所不足。如果选择直接就业，她需要在接下来的工作中努力提升自己的职业能力。

第二种，考公务员或进入事业单位。小杜的父母都希望小杜考公务员或者进入事业单位，这样工作稳定，生活也会有保障。

第三种，继续深造。小杜在校期间成绩优异，老师希望小杜能够继续提升学历，以适应当今社会对人才的要求，这对她今后的发展和晋升也有非常重要的作用。

每个选择都有可取之处，但归根结底，这些都是别人的建议和别人的希望。而适合自己的那个选择应该是什么呢？

第二节　探索目标职业世界

想一想

手机已成为我们生活中必不可少的工具之一，请尽可能多地列举出与手机相关的职业，并将所有联想到的职业都记录下来。

讨论：所列出的职业中有哪些职业与自身所学专业有关？你从这个活动中得到了什么启发？

职业影响人生、职业决定人生，我们的知识和能力都是通过职业来转化和实现的。探索目标职业世界，包括职业探索、专业探索、行业探索、企业探索和岗位探索五个方面。

一、职业探索

（一）职业探索的概念

职业探索是指对自己喜欢或要从事的职业进行理论分析和实际调研的过程，目的是充分了解目标职业，从而有效地规划在校生活。

（二）职业探索的具体内容

第一份工作的选择有多重要

1. 职业描述

职业描述即定义这个职业的内涵，是对职业最精炼的概括和总结，是透彻理解职业和调研职业的基础，具体包括职业名称、社会各界对此职业的定义。除了一些最新的职业，外界一般都会对各职业有固定的定义，在查找时可以参照联合国国际劳工组织的职业展望手册，中国人力资源和社会保障部颁布的《中华人民共和国职业分类大典》等。

在了解了外界对该职业的定义后，自己也需要为此职业做出定义和描述，因为日后自己在这个职业中要做的事情都是在此基础上的拓展。

2. 职业的核心工作内容

了解职业的核心工作内容有利于了解完成工作所必需的工作能力，使自己找到自身与职业要求之间的差距，从而提升相关能力，以完成工作内容。要了解职业的核心工作内容，可以通过权威的人事部门、企业的招聘广告，或者请教该职业的资深人士等途径获取想要的信息。

3. 职业前景及对社会的影响

职业的发展前景是国家、社会等对这个职业的需求程度，具体包括职业在国家阶段发展中的作用，职业对社会和大众的影响，职业对生活领域的影响。这就是说，了解职业时不仅仅要知道这个职业对国家、社会和行业的用处，也要知道这个职业对大众的影响。

4. 薪资待遇及潜在收入空间

职业是社会分工的产物，社会根据参与分工的量来确定相应的报酬，在不同的行业、企业、岗位上还有一些潜在的收入空间。薪资待遇是我们在择业时要重点考虑的因素，因而在探索职业时应对其进行重点调研。

5. 入门岗位及其职业发展通路

入门岗位一般是针对应届毕业生的一些中低端岗位。在探索职业时要了解一个岗位对应的职业发展通路是什么，这个岗位有哪些发展途径等。再好的职业，通常也要从基础的工作开始做起，而入门岗位就是提供给应届生的敲门砖。

6. 职业精英

职业精英即职业标杆人物，就是在这个领域做得最好的人。通过网络、书籍、人物访谈等方法可以了解这些人取得了什么成绩，遇到了哪些困难，具备什么素质等。研究职业标杆人物，可以让自己了解他的奋斗轨迹，加深自己对职业的了解，找到努力的方向和途径。

7. 职业的典型一天

要知道这个职业工作的一天通常要经历些什么，时间都是怎么安排的。这是我们判断自己是否适合这个职业的重要指标。有些学生对职业的认识往往只停留在想象和猜测的阶段，只有通过职业探索，才能知道这个职业是不是自己想要的。

8. 职业通用素质要求

职业通用素质要求是指从事这个职业的基本要求。通过对此项的了解，我们可以知道自己是否能满足这个职业的要求，并找到不足和差距，以便补充和加强。

二、专业探索

（一）专业探索的概念

专业是指高等学校或中等职业学校根据社会专业分工的需要设立的学科类别。专业探索即在对本专业的调研中了解本专业毕业生所能从事的职业，并有效利用在校时间学好本专业。

（二）专业探索的具体内容

1. 专业调研

专业是职业发展的基础，通过调研，我们要知道自己所学专业对应的职业和职业群有哪些，所学专业对社会和生活的作用是什么，毕业生的就业状况如何，怎样才能学好本专业等。

2. 专业学习

在校期间，我们需要认真学习专业知识，掌握相关职业所需的技能，通过参加实训、实习、社会实践等方式锻炼自己，将书本知识与实践行动有效结合，提升自己的竞争力。

三、行业探索

（一）行业探索的概念

行业探索就是通过分析和调研对自己想从事的行业进行全方位解读。每个行业都会有一定的特殊性与差异性，对人才的技能、层次、特征都会提出不同的要求。每一个即将进入职场的人，都必须对各自将要进入的行业有全面、系统的了解。

（二）行业探索的具体内容

1. 了解这个行业是什么

不同的行业有不同的定义，不同的人对同一行业的定义也不一样，所以我们需要仔细地搜集该行业的信息，加深自己对该行业的认识，形成自己对行业的定义。

2. 行业对生活和社会的作用及其发展趋势

科学技术的飞速发展会使某些行业逐渐萎缩、消亡，也会使许多极具发展前途的朝阳行业不断出现、发展。明确行业对社会和生活的作用可以在一定程度上帮助我们判断该行业的发展前景，从而选择发展空间较大的行业。

3. 行业的细分领域

行业是指按生产同类产品、具有相同工艺过程或提供同类劳动服务所划分的经济活动类别，每个行业内部还有不同的分类。例如，金融业就包括银行业、保险业、信托业、证券业和租赁业等。

4. 行业的人才需求

了解行业的人才需求就是了解该行业的基本要求和准入门槛。了解行业需要具备的通用素质和职业资格证书后，在校期间可以尽可能多地考取职业资格证书来获得入行的敲门砖。另外，我们还要了解该行业的人才需求状况，即该行业的人才缺口有多少。目前我国急需的人才有高新技术人才、信息技术人才、机电一体化专业人才、农业科技人才、环境保护技术人才、生物工程研究与开发人才、国际经贸人才、律师人才、保险业精算师、物流专业管理人才等。

5. 行业的知名企业和代表人物

了解行业的知名企业和代表人物是进一步了解行业的有效手段。每个行业都有知名企业和代表人物。我们可以通过名人传记或行业调研加深对该行业的了解，为自己进入该行业做好充分准备。

四、企业探索

（一）企业探索的概念

企业探索就是通过理论分析和实际调研来对自己喜欢的企业进行全方位的解读。企业是从业者赖以生存和发展的土壤。一方面，每个企业都有自己的发展目标、运作模式，了解企业的基本情况是成为企业一员的基础，便于大学生以后迅速适应新环境；另一方面，为了生存和发展，企业本身也要随时关注和适应社会大环境的变化，并采取相应的变革措施，这必将影响到其成员的个人职业生涯。

（二）企业探索的具体内容

1. 企业基本信息

企业的基本信息包括企业简介，企业的发展历史，企业在社会中的地位和声望，企业目前的产品、服务和活动范畴，企业的发展领域、发展前景、战略目标，企业的技术力量和设施，企业在本行业中的竞争力、发展状况等。

2. 企业的发展阶段

企业的发展同人一样，也有诞生、成长、壮大、衰退直到死亡的过程。在生命周期的不同阶段，企业也有不同的特点。

（1）“开发期”企业：晋升机会较多，短时间内可能升到较高位置，但由于企业基础尚不稳固，企业势必要承受较大的经营风险。

（2）“成长期”企业：处于这个阶段的企业在经历过生存努力之后，慢慢找到属于自己的生存方式、业务模式、盈利模式、财务管理模式等。这个阶段企业人员数量增长得很快，晋升机会也较多。

（3）“成熟期”企业：晋升的可能性较小，工作稳定，工作内容基本不会有太大改变。

（4）“衰退期”企业：除非自己具有超凡的能力，可以使濒临关门的企业起死回生，否则尽量不要考虑。

3. 企业领导人

企业领导作为企业的掌舵人，其抱负及能力是企业发展的决定性因素。因此，求职者要了解企业主要领导人的管理是否先进开明，领导人是否有足够的能力带领员工开创新天地、是否有战略眼光、是否尊重员工等。

4. 企业文化和制度

企业文化是指全体员工在长期的生产服务中形成并共同遵循的最高目标、价值标准、基本信念和行为规范。企业文化是影响企业经营效益的重要因素，如果个人的价值观与企业文化有冲突，在企业中就难以发展。求职者需要分析自己是否认同这个企业的文化，企业文化是否与自己的价值观相符。优秀的企业文化会让员工感受到快乐和尊重，员工工作也更有创造性。因此在求职时，企业文化也是需要考虑的重要因素。

企业制度主要包括管理制度、用人制度、培训制度等。求职者应尽可能了解这些信息，分析这些制度可能给自己的未来带来什么影响。求职者要特别注意企业的用人制度如何，能否为自己提供发展或教育培训的机会，提供这些机会的条件是什么；自己将来有没有可能担任更高级的职务或担负更大的责任；职位提升的空间有多大，是基于工作能力还是工作年限等。

拓展阅读

盖洛普 Q12 测评法

盖洛普 Q12 测评法是测评一个工作场所具有何种优势最简单、最精确的方法。通过测评，我们可以了解自己对现在工作环境的满意度，企业也可以通过测评了解员工的敬业度。该测评主要包括以下 12 个问题：

（1）我知道公司对我的工作要求吗？

（2）我有做好我的工作所需要的材料和设备吗？

（3）在工作中，我每天都有机会做我最擅长做的事吗？

（4）在过去的七天里，我因工作出色而受到过表扬吗？

（5）我觉得我的主管或同事关心我的个人情况吗？

（6）工作单位有人鼓励我的发展吗？

（7）在工作中，我觉得我的意见受到重视吗？

（8）公司的使命目标使我觉得我的工作重要吗？

（9）我的同事们致力于高质量的工作吗？

（10）我在工作单位有一个最要好的朋友吗？

（11）在过去的六个月内，工作单位有人和我谈及我的进步吗？

（12）过去一年里，我在工作中有机会学习和成长吗？

（资料来源：https://wenku.baidu.com/view/b1619bc18bd63186bcebbcac.html，有改动）

五、岗位探索

（一）岗位探索的概念

岗位是以多数任职者在一定劳动时间内完成的任务多少为标准而设置的，在某个具体单位内部，按照任务、责任、权力及所需资格的不同存在着岗位的分类。我们常说的找工作，最后都是要落实到谋取某个具体用人单位的具体岗位。因此，岗位是与个人职业发展关系最为密切的细分因素。岗位探索就是对岗位本身和影响岗位发展的因素的调研。

（二）岗位探索的具体内容

1. 岗位描述

岗位描述包括岗位的定义、工作内容及基本素质要求。用人单位在招聘时，一般都会对具体的招聘岗位有相应的描述和任职要求，求职者应该充分了解应聘的岗位描述和具体要求，有针对性地做好应聘准备。

2. 岗位晋升通路

岗位是在职能的基础上根据具体需要而分化产生的。了解岗位的晋升通路主要有两个方面：一是了解和这个岗位相关的岗位是什么，二是了解这个岗位的职业发展通路是什么。某公司的员工岗位发展通路如图 2-1 所示。

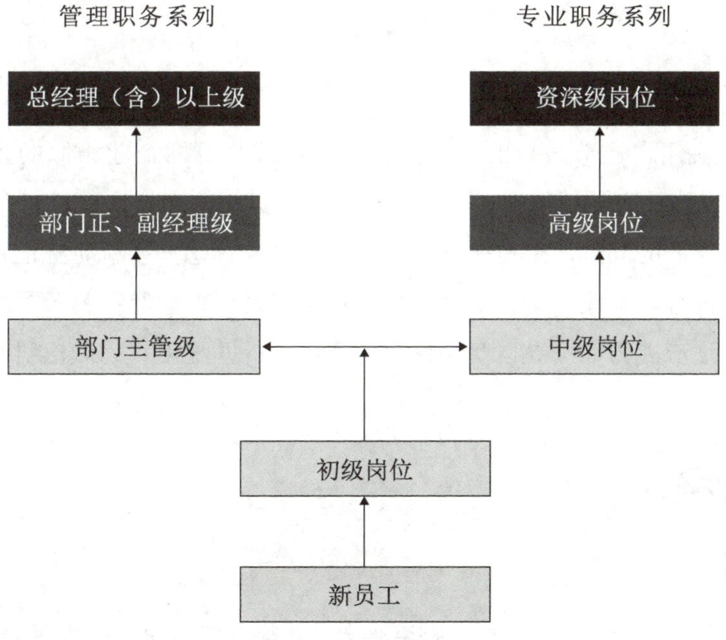

图 2-1　某公司员工岗位发展通路

3．岗位基本要求

求职者需要了解所求岗位对从业者在技能、学历、资历、经验、品质、个性等方面的基本要求，并找到自身存在的差距，有针对性地进行提升。

第三节　探索职业世界的具体方法

一、网络资讯

网络已经成为求职者获得信息的主要途径。求职网站很多，有些网站在发布招聘信息时，会按岗位或职能进行分类，如岗位类：销售经理、客户经理、前台、文员、人事助理等，职能类：销售管理、行政/后勤、人力资源等，这样求职者就可以比较快速地掌握某类岗位对求职者的通用技能要求。获取职业相关资讯的网站主要有：各人才门户网站，如前程无忧、智联招聘、中华英才网、搜狐招聘频道、新浪求职频道、中青在线人才频道等；还有相关行业网站或论坛，如部、省、市级的人才网，医药类专业论坛“丁香园”等；另外还有一些论坛也值得关注，如天涯社区中的职业交流版块，都是在职人士的真实写照；还有一些由人力资源经理组成的论坛，了解他们的需求及他们的工作状态对求职者也是极有帮助的。

二、亲身体验

求职者可以利用自己节假日的时间到目标企业或与目标企业相似的企业进行实地考察、顶岗实习，以职业人的标准要求自己，做到与目标职业岗位“零距离”接触。一方面，可以在学习职业技能的同时，感悟企业文化、企业经营理念，了解企业的用人要求，了解岗位工作性质、内容、工作环境、薪酬、晋升机会及发展前途等；另一方面，也可考察自己对工作环境的适应能力，探寻自身条件与工作岗位的匹配度，为做出科学的职业决策提供指导。

案例精选

小叶升职记

小叶是某财经学院涉外会计专业的毕业生。在毕业实习中，他发现社会上涉外会计毕业生已供过于求，找一份专业对口的工作不是一件简单的事情。毕业时，他经过冷静的分析思考，果断应聘到一家大型超市做收银员工作。

涉外会计专业的毕业生去做收银员，这在旁人看来确实是不可思议，但小叶自有他的想法，他认为自己的选择是对的。

事实也确实如此。小叶在这个岗位上兢兢业业，开创了新的局面。三个月后，这个超市缺少一名管理人员，由于他工作认真、适应能力强，再加上有大学文凭，便被调入人事部。他在人事部边学边干，很快就获得了领导的赏识，现在已升职为经理助理。

（资料来源：https://www.docin.com/p-533620220.html，有改动）

三、生涯人物访谈

职业生涯人物访谈

一般可采用朋友推荐、教师介绍等方式开展生涯人物访谈，走访行业领域中的成功人士，了解成功人士的成长历程，了解行业特点、发展趋势，为在校期间制订出合理的学习计划提供依据；也可通过走访高年级的校友来加深自己对职场环境的认识。高年级校友作为同辈人，具有相似的文化背景与经历，可以从更为现实的角度帮助大学生认识职场，同时也可以提示大学生如何学习，如何利用在校时间，以更好地适应未来的职业发展，从而为大学生制订科学合理的职业规划行动方案提供指导。访谈的具体过程如下。

（一）选择访谈对象

访谈对象可以由自己院系老师推荐，也可以是父母、亲人及他们的朋友，或者通过各种职业交流群、专业论坛、博客、网站等寻找。访谈对象的选择来源如图 2-2 所示。

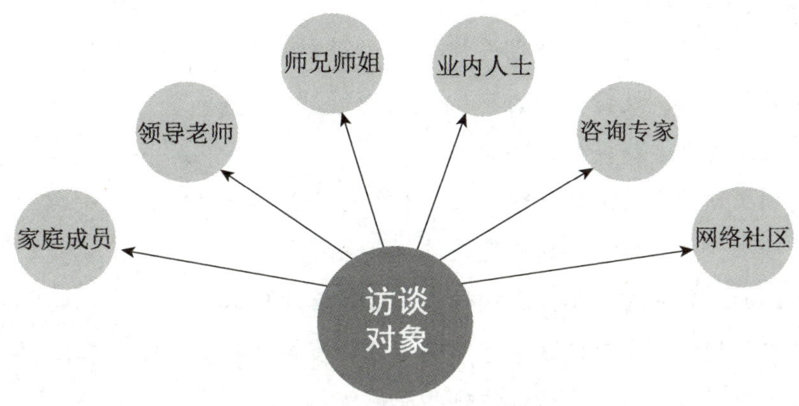

图 2-2　访谈对象的选择来源

（二）准备访谈内容

确定访谈对象后，访谈者需要认真制定访谈提纲，但一定要注意访谈时间最好不超过约定时间。访谈内容可分为以下四个部分：

（1）访谈对象的基本情况。包括其工作单位、工作岗位、担任职务、个人基本信息等。

（2）访谈对象的工作状态。包括他是如何找到或奋斗到现在的岗位的、他每天的工作都要做些什么、岗位职责是什么等。

（3）入职的任职资格。包括这个岗位或职业所需的核心知识、技能及经验，需要哪些资格证书，需要进行哪些培训，需要具备哪些素质和品质，在校期间如何准备才能更容易进入这个工作领域等。

（4）职业的发展前景。包括这个职业的一般薪酬标准和潜在收入空间、这个职业的一般晋升发展路线、这个职业在我国甚至世界的发展前景、和这个职业相关或相似的职业都有哪些等。

拓展阅读

具体访谈内容的确定

在具体访谈时，可采用以下提问方式：

（1）在这个工作岗位上，您每天都会做些什么？

（2）您是如何找到这份工作的？

（3）这项工作需要的是什么样的人？

（4）这项工作需要特别的知识、技能和经验吗？

（5）这项工作需要什么样的教育或培训背景？

（6）就您的工作而言，您最喜欢什么？最不喜欢什么？

（7）本工作的哪部分让您最满意？哪部分最有挑战性？

（8）在这个领域工作，您遇到过哪些问题？

（9）对于一个即将进入该领域工作的人，您有什么意见和建议吗？

（10）本领域初级职位和略高级职位的薪水是多少？

（11）公司对刚进入这个领域的员工提供哪些培训？

（12）本领域发展机会多吗？

（13）什么样的个人品质或能力对本工作的成功来讲是最重要的？

（14）还有哪些方法能帮助我深入了解该工作领域？

（资料来源：https://wenku.baidu.com/view/7def66e3bceb19e8b8f6ba9a.html，有改动）

（三）正式访谈

正式访谈时，准时是第一要求，包括准时开始与准时结束；另外还要注意言谈举止，要做到谦逊有礼。

（四）汇报与感谢

无论最后是以什么样的心情和状态结束访谈，访谈者事后都要发送感谢信给对方，并将访谈记录和个人心得提交给对方，这样做一方面是对别人的肯定，另一方面也是自己有礼貌的表现。

四、绘制家庭职业树

通过家谱，我们可以追溯到每个人的根源。同样，通过家族的职业谱，可以更好地了解自己家族成员的职业，甚至可以预测自己的职业趋向。事实上，有意无意中，家族成员都会以各种形式对个人职业选择乃至生涯发展产生深远影响。进行职业决策时，也不妨从自己最熟悉的人开始，了解他们可能产生的影响。

家庭状况同一个人的职业生涯有着紧密联系，在很大程度上会影响一个人的职业生涯规划和未来职业选择。绘制家庭职业树一方面可以帮助我们了解职业的种类、内容、用人要求，另一方面也有助于我们梳理现有的一些可用资源，为自己的职业发展做准备。

实践拓展

1. 生涯人物访谈

访谈时间：________________________________

访谈对象：________________________________

访谈对象任职单位和职务：________________________

访谈内容：________________________________

____

____

____

访谈体会：________________________________

____

____

____

访谈总结：________________________________

____

____

____

2. 绘制家庭职业树

首先将你家族中重要的亲属及他们的职业写在家庭职业树（见图 2-3）上，用红笔标出与自己关系密切的重要人物，填写完成后，回答下面的问题。

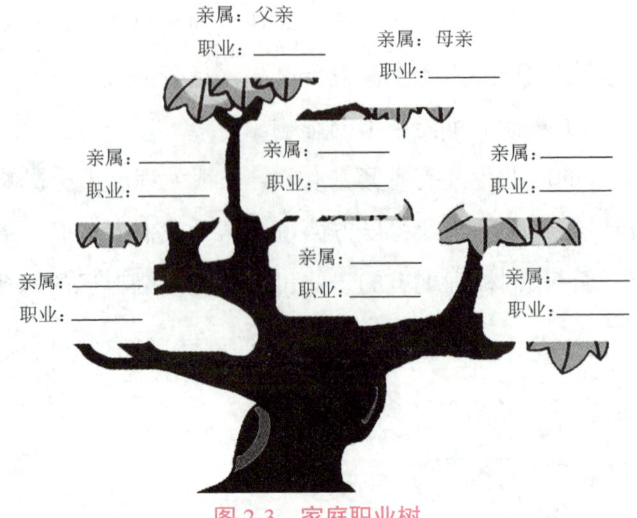

图 2-3　家庭职业树

（1）家族中最多人从事的职业是：____________________

（2）我想要从事这种职业吗？为什么？____________________

____

____

（3）爸爸如何形容他以往和目前的职业？爸爸平时会提到哪些职业？他会说些什么？____________________

____

____

（4）爸爸的想法对我的影响是：____________________

____

（5）妈妈如何形容她以往和目前的职业？妈妈平时会提到哪些职业？她会说些什么？____________________

____

（6）妈妈的想法对我的影响是：____________________

____

（7）家族中还有谁对职业的想法对我影响深刻？他们是怎么说的？____________________

____

（8）家族成员的职业中最让自己满意的职业是什么？（例如，堂哥在医院当医生，不仅收入高，社会地位也高）____________________

（9）家族其他成员最羡慕的职业是：____________________

（10）对他们的想法，我觉得：____________________

____

（11）在兴趣、能力、体能、外貌等方面，我与家族中谁最相似？他从事的职业与我的偏好有多大关联？______________________

（12）家人对我未来选择职业的影响是：______________________

（13）哪些职业我绝不会考虑：______________________

（14）哪些职业我愿意考虑：______________________

（15）选择职业时，我还在乎哪些条件？______________________

____

____

第三章 职业生涯决策

知识与能力目标：

- 熟悉职业生涯决策的概念与相关理论
- 掌握职业生涯决策的方法
- 能将 SWOT 分析法应用到各种决策中

素质目标：

- 发扬勤俭节约、吃苦耐劳、艰苦朴素的作风，在选择职业时甘做一颗“螺丝钉”
- 自觉制订职业生涯目标与行动计划，并积极为实现职业生涯规划而努力

引导案例——勇于在复杂的世界中做出决策

小赵，女，化学系，专科二年级学生，独生女。在小赵就读的院系里，只要成绩排名在前 70%，就有机会推优就读本系的本科。以小赵的成绩来看，获得本系本科学习的推荐资格毫无悬念。可让人苦恼的是，她并不喜欢现在所学的专业。那么，本科考试时可以转专业吗？转什么专业呢？

据了解，小赵最想读财会专业，但由于高考志愿填报不合理，导致没有被最喜欢的专业录取。在父母的劝说下，小赵退而求其次，选择了化学专业。

在大学两年的学习中，小赵在数理基础课方面遇到了挑战，数学、物理艰涩难懂，还要做大量的化学实验，实验结果的优劣又充满了变数。一想到将来攻读化学本科之后，还要继续做这些实验，小赵就感到力不从心。小赵在心里问自己："既然不喜欢化学，还继续读本科吗？如果不读本科，打算做什么工作呢？"她想，与其继续读一个不喜欢的专业，还不如直接工作。

大二暑假，小赵争取到了会计师事务所的实习机会。实习时经理反复提醒她学历的必要性：一是越来越多的单位倾向于录用学历高的实习生，专科生的工作机会相对减少；二是学历高有助于将来的职位晋升，越是规模大的单位，越将学历看得重要。经理的劝说让小赵放弃了专科毕业就工作的想法，下决心继续完成本科学习。但是否还要继续读本专业呢？

大三上学期，小赵开始着手了解学校内的专业情况。她找了几位与自己情况类似的学长了解后，发现现在就读的大学没有自己最想学的财会专业，她又不想参加其他学校的考试，难道又要作一个退而求其次的选择吗？要在跨专业本科考试中获得成功，就要先自学专业基础课。如今距离本科考试还有半个学期，复习时间这么短，能具备与科班专业同学相比的竞争力吗？怎么才能知道每个备选专业具体学什么，毕业后能做什么呢？如果选择的专业，学了之后又发现不喜欢该怎么办呢？如何选择与未来职业目标相关的本科专业呢？

如今的大学生拥有了自由选择的机会，同时也面临着激烈的竞争和未知的变化，可谓机遇与挑战并存，因此必须学会职业生涯决策。无论决策结果如何，在此过程中学习到的技能和经验，都可以迁移到其他重要的决策情境中去，使大学生成长为一个敢于冒险、敢于行动、敢于担当的人，这是职业生涯规划中重要的一课。

第一节　职业生涯决策概述

一、职业生涯决策的概念

职业生涯决策是职业生涯规划的重要组成部分，是综合了个人对自我的认识，以及对教育与职业等外在因素的判断，面临生涯抉择情境时所作出的各种反应。

对于每一个即将走向社会的大学生来说，影响职业生涯发展的重大决策主要有以下几项：

（1）选择何种行业。

（2）选择行业中的哪一种职业。

（3）选择所适用的策略，以获得某一特定的工作。

（4）从数个工作机会中选择其一。

（5）选择工作地点。

（6）选择工作的取向，即个人的工作作风。

（7）选择生涯目标或者系列性的升迁目标。

二、职业生涯决策风格

决策风格就是做决定者的处事反应方式及制定决策的行为方式。常见的决策风格有如下四种。

（一）冲动直觉型

冲动直觉型的人做决定是基于一时的冲动，基于当时自己强烈的感受和情绪反应。他们的选择速度通常很快，只考虑自己想要的，不在乎外在的因素，几乎不会去系统地收集相关信息。其典型的表现是：“先做了再说，以后再想后果”“感觉还不错，就这么决定了”，等等。

（二）依赖宿命型

依赖宿命型的人知道需要做出决定，但通常是等待或依赖他人为自己做出决定，或者以为一切都是命运的安排，自己做不做决定都一样。他们对自己的决定能力和结果缺乏信心，即使有时自主做出决定，在遇到反对意见时一般也无法坚持己见，最后还是顺从权威者的指示和决定。其典型的表现是："爸妈叫我那样做""他们认为我适合""船到桥头自然直""天塌下来会有大个子顶着"，等等。

（三）犹豫拖延型

犹豫拖延型的人知道需要做出决定，但是经常处于拖延或挣扎的状态，迟迟做不了决定，或者到最后一刻才做决定。他们常常对决定的结果感到恐惧，也不愿负责，选择麻痹自己来逃避。他们通常很注重收集信息，但是往往又觉得选择项目太多，条件太复杂，无法做出取舍。其典型的表现是："急什么？明天再说吧""我知道该怎么做，可是我办不到""我决不能轻易决定，万一选错了，那就惨了"，等等。

（四）系统理性型

系统理性型的人做决定时会分析自己内在的状况，也会考虑外在环境的要求，广泛收集信息，用系统分析的方法检验各种选项的利弊得失，从而做出适当且明智的选择。其典型的表现是："一切操之在我，我是命运的主宰，是自己的主人。"

系统理性型的决策风格是最为理想的风格类型。拥有这种风格的人，既能充分地收集相关信息，又不会被过多的信息所迷惑；既能果断地做出决定，又不会过于冲动和感情用事；既能广泛参考别人的意见，又不会盲目从众、失去自我；既能坚定地为自己的选择负责，又不会不顾条件的变化，一意孤行。在面对人生重要选择的时候，我们尤其需要这种决策风格来助自己一臂之力。

请回想你在生活中所做的重大决定，并按以下内容加以描述：① 目标或当时的情景；② 你所有的选择；③ 你做出的选择；④ 你的决策方式。

对结果进行评估，记录下来。

我的重大决定：________________

我在重大事件上通常采用的决策风格：________________

决策风格受人格特质的影响，但是这种风格并非恒定不变的，而是可以通过训练和实践加以转变的。尽力克服人格特质的缺陷，就可以在一定程度上实现从被动转向主动，从盲目转向理性，从依赖转向独立，从片面转向系统。

三、职业生涯决策理论

常见的职业生涯决策理论有标准化职业生涯决策理论、描述性职业生涯决策理论和职业决策的 PIC 模型。

（一）标准化职业生涯决策理论

标准化职业生涯决策理论认为，决策者能够加工所有相关信息，做出完全理性的选择，在选择时遵循效用最大化原则。该理论的主要代表是奇兰特（Gelatt）的职业决策过程模式和克朗伯兹（Krumboltz）的社会学习论。

1．奇兰特的职业决策过程模式

该理论认为，决策是一连串决定的组合，任何一个新决定都受先前决定的影响，而新做出的决定又会产生连锁影响而导致接下来决定的出现，所以，决策是多个决定连锁反应的发展历程。这也说明职业生涯决策不是一次选择或一个结果，而是持续不断地做出决定及修正的终生历程。

为了使决策过程理性化、系统化，奇兰特职业决策模式特别强调资料的重要性和过程的严整性，为此他提出了资料处理的三个策略系统和决策过程的七个步骤。

三个系统分别是：① 预测系统，预测不同的选择可能造成的结果，估算出每个行动可能造成该结果的概率，以作为应该采取哪个行动方案的参考；② 价值系统，个人对于各种可能行动的喜好程度；③ 决策系统，评判各种行动方案的标准。权衡这三个方面，然后选择一个行动方案。

做决策的具体步骤是：① 根据自己的需求制订决策目的或目标；② 搜集与目标或目的有关的信息资料，以了解可能的行动方向；③ 根据所得的资料，预测各个可能行动的成功概率及其结果；④ 根据价值系统，估算个人对于每个行动方案的喜好程度；⑤ 评估各种可能方案，选择其中的一个方案执行；⑥ 若达成目标则终止决定，然后再等待下一个决定的出现；⑦ 若没有成功，则继续探索其他可行的办法。

2．克朗伯兹的社会学习论

社会学习论在 20 世纪 70 年代由班都拉（Bundura）提出，强调个人独特的学习经验对其人格与行为的影响。克朗伯兹将这一观念引用到职业生涯决策上，用以了解在个人决策历程当中，社会、遗传与个人因素对决策的影响。在此基础上，他提出了影响职业选择的四因素，其后又提出了职业生涯决策的七个步骤。

1）影响决策的四因素

（1）遗传因素与特殊能力。遗传因素包括种族、性别、仪表、身体健康程度等；个人的特殊能力包括职业偏好、智力、音乐能力、美术能力及动作协调能力等。

（2）环境条件与特殊事件。克朗伯兹认为，在影响教育和职业的选择因素中，有许多来自外部环境，非个人所能控制。这些外部因素大多由人为因素（如社会、文化、政治或经济的活动）所致，也可能由自然力量（如自然资源的分布或自然灾害）引起。

（3）学习经验。克朗伯兹认为，每个人独特的学习经验，在决定其生涯路径时都扮演着重要的角色。学习经验包括个体作用于环境的经验和环境作用于个体的经验。

（4）工作取向技能。前面提到的三种因素会以一种交互影响的方式使个人形成特有的工作取向技能，这些工作取向技能包括解决问题的能力、工作习惯、工作的标准与价值、情绪反应、知觉和认知的历程（如选择、注意、保留、符号知觉等心理过程）等。

2）职业生涯决策的步骤

克朗伯兹以社会学习理论对职业生涯决策技巧的作用进行研究，提出了进行职业生涯决策的七个步骤。

（1）界定问题：厘清自己的需求及时间或个人限制，并制定出明确的目标。

（2）拟订行动计划：思考可能达成目标的行动方案，并规划达到目标的流程。

（3）澄清价值：界定个人的选择标准，作为评价各项方案的依据。

（4）找出可能的选择：搜集资料，论证可行的方法。

（5）评价各种有可能的选择：依据自己的标准，对各种可能的选择方案进行评价。

（6）系统地删除：有系统地删除不合适的方案，挑选最合适的方案。

（7）开始执行方案：方案确定之后开始实施。

克朗伯兹的理论是以社会学习的观点来解释人类生涯选择的行为，特别强调社会影响因素和学习经验，对实际的生涯辅导工作提供了不少方法和启示，具有较高的实用价值。

（二）描述性职业生涯决策理论

描述性职业生涯决策理论主要是解释个体如何从实际生活的职业选项中做出决策，丁克里奇的职业生涯决策风格理论是该理论中比较有代表性的。

丁克里奇的职业生涯决策风格是指不同的人在做事方式上所表现出来的习惯偏好。丁克里奇认为，决策风格是影响决策效果与决策效率的一个重要因素。他在 1968 年通过访谈研究，将人们进行职业生涯决策时所采用的风格归结为八类。

（1）冲动型（impulsive）：抓住遇到的第一个选择，不再考虑其他的选择或继续收集信息。其想法是“先决定，以后再考虑”。例如，“先找到一份工作干着再说”，这种决策方式风险太大，等到有更好的选择时自然追悔莫及。

（2）宿命型（fatalistic）：将决定留给境遇或命运。迷信“我这个人永远也不会走运”，显得无力和无助，人生态度消极低沉，这样的人容易成为环境的“受害者”。

（3）顺从型（compliant）：顺从别人的计划而不是独立地做出决定。相信“他们都觉得好，我就觉得好”。从众的人固然在追随群体的过程中获得了一种虚拟的安全感，但却忽略了自身的独特性，其选择在很大程度上并不适合自己。

（4）延迟型（delaying）：把问题往后推迟。例如，“我还没有准备好找工作，所以打算先考研”。延迟型的人总是希望“也许过几天，事情就自动解决了”。

（5）烦恼型（agonizing）：过度搜集信息，使用信息时又顾虑重重，反复比较，当断不断，心境表现常常是“我就是拿不定主意”。

（6）直觉型（intuitive）：因为“感觉到是对的”而做决策，但不能说明原因。直觉对人们在环境情况无法提供充分信息时会有效，但可能会不符合事实。

（7）瘫痪型（paralytic）：接受做决策的责任，但是感觉过于焦虑而不能对决策做出有建设性的工作。他们知道自己应该开始了，但内心深处总是笼罩着“一想到这种事就害怕”的阴影。结果，他们无法真正为决策和决策的后果承担责任。

（8）计划型（planning）：使用标准化决策模型所推荐的理性策略。

上述八种决策风格没有绝对的优劣之分，各有其适用范围和局限性。例如，直觉型决策反映了决策者能够迅速提取相关信息的能力，或者也可以说他是一个反应快的理性决策者。那种喜欢到处咨询或模仿他人者，有依赖的倾向，但也有可能把个人的认知偏差减少到最小。决策风格既受个性的影响，又受到环境的塑造，并非绝对无法改变。

（三）职业决策的 PIC 模型

PIC 模型的理论基础是方面排除理论，是一种在决策方案之间做出选择的方法，即在选择过程的每一阶段，要挑选出某一属性或某一方面，根据其重要性对其做出评价，对不符合决策要求的属性予以排除，直到剩下某种未排除的方面或属性时，再做出最后的选择。

PIC 模型根据不同的目的、过程和结果，将职业决策过程分解成排除阶段（pre-screening）、深度探索阶段（in-depth exploration）和选择阶段（choice of the most suitable alternative），“PIC”即是这三个阶段的缩写。

- **排除阶段：**职业世界为人们提供了大量的接受教育培训和工作的机会，但我们在对职业做出选择时，可能会感到困惑。本阶段的工作就是为了消除困惑，即根据个人偏好，排除那些与个体偏好不兼容的职业，从而得到少量的、可操作的部分“有可能方案”。
- **深度探索阶段：**通过对“有可能方案”的深度探索，产生一些合适的方案，确定一些既有希望又适合个体的职业。
- **选择阶段：**基于对所有合适方案的评估和比较，挑选出最合适的方案。

第二节　职业生涯决策方法及技能提升

一、SWOT 分析法

SWOT 分析法是市场营销管理中经常使用的分析方法，利用这种方法可以找出对自己有利和不利的因素，发现存在的问题，找出解决问题的办法。

SWOT 分析法

SWOT 分析法主要分析四个方面：S 代表优势（strength），W 代表劣势（weakness），O 代表机会（opportunity），T 代表威胁（threat）。其中，S 和 W 是内部因素，O 和 T 是外部因素。从整体来看，SWOT 可以分为两部分：上半部分为 SW，主要用来分析内部条件；下半部分为 OT，主要用来分析外部条件。

SWOT 分析是生涯决策的一个非常有用的工具。如果个体能对自己做一个细致的 SWOT 分析，那么，就会很明确地知道自己的优势和劣势在哪里，并且能评估出自己所感兴趣的不同职业道路的机会和威胁所在。需要注意的是，进行 SWOT 分析时，对个人的优势与劣势要有客观的认识，不要过分夸大自己的优势，也不要过于自卑，把自己看得一无是处。

下面通过一个例子说明 SWOT 分析法在职业生涯决策中的应用。小张，男，上海某大学公共事业管理专业大三学生，在校期间学习了人力资源管理等相关理论知识。他勤奋好学，吃苦耐劳，敢于面对挑战，喜欢从事有挑战性的工作。小张的短期职业生涯目标是大学毕业后成为人事经理。其 SWOT 分析情况如表 3-1 所示。

表 3-1　小张职业生涯决策的 SWOT 分析

内部个人因素	优势： （1）做事比较认真、踏实，有浓厚的学习兴趣和一定的实力，尤其在人力资源管理方面有着浓厚的兴趣 （2）有乐观积极的生活态度，善于发现事物和环境中乐观积极的一面 （3）富有极强的责任心和耐心，且喜欢做相关的工作 （4）办公软件运用能力强，业余加强办公自动化训练 （5）英语书面能力强，有较好的口语表达能力 （6）对社会现象有自己的思考，有一定的分析能力 （7）有一定的书面表达能力，逻辑思维性和条理性较强	劣势： （1）性格偏于内向，对管理工作来说具有天生的缺陷 （2）办事不够细腻，有时考虑问题不全面 （3）做事不够果断，尤其事前做决定的时候总是犹豫不决 （4）做事有时拖拉，不够雷厉风行 （5）工作、学习有些保守，冒险精神不够，创新能力有待提高

（续表）

外部环境因素	机会： （1）目前中国经济快速发展，为大学生提供了广阔的空间 （2）在学校里有构建良好人际关系的条件 （3）就专业方面来说，人力资源的发展已是大势所趋，这方面的需求正随我国经济的高速发展而不断扩大 （4）有亲戚从事人力资源工作	威胁： （1）距离毕业还有一年时间，各种准备相当不充分，相比其他重点大学的学生来说，自身实力不够突出 （2）企业单位对个人素质的要求不断提高，个人能力尚有不足 （3）用人单位对毕业生的要求提高，更需要有经验的人才，个人经验不足

通过以上分析，可以看出小张希望从事人力资源管理工作的个人优势与机会大于劣势和威胁，具有专业优势、个性优势、能力优势及发展条件的优势。建议他在今后的一年中寻找相关实习机会锻炼自己，为就业做好准备。

二、职业生涯决策技能提升

职业生涯决策是一个高度复杂的过程，需要不断积累经验，学习和提高决策的技能。

（一）决策的影响因素

1. 非理性信念

有时人们会以偏概全，在一两次深刻经历的基础上得到一些刻板的印象和先入为主的偏见，这就是“非理性信念”。

非理性信念往往来自以前经历的事件（尤其是挫折事件）所形成的思想、看法和认识，这些认识会在以后的类似事件或情境中产生影响。非理性信念中最常见的思维方式是“绝对化”。这种思维方式通常与“必须”“应该”“不得不”这类字眼联系在一起，如“我必须获得成功”“生活应该是很容易的”等。怀有这种信念的人极易陷入情绪困扰。因此只有消除非理性信念，才能够使职业生涯决策更理性。消除非理性信念，可以从以下几个方面进行思考：

（1）你所要验证的想法是什么？

（2）你如何找证据来验证你的想法？

（3）支持你想法的证据是什么？

（4）不支持你想法的证据是什么？

（5）如果你能以较理性的想法来思考，你会怎么考虑？

案例精选

非理性信念分析

小洁为了负担家计，高中毕业后就参加工作了。后来，她看见许多和自己年纪相仿的青年，无论学业或事业都有相当的成就，于是，她越来越觉得自己学历太低，升迁无望，对于自己无所作为的现状感到相当沮丧。

但是，不愿向命运低头的小洁非常希望挣脱学历带给她的枷锁，希望有朝一日自己也能像硕士、博士那样扬眉吐气，受到别人的重视。这个念头在她脑海中盘旋了很久，只是她一直没有任何行动。

她担心自己水平太低，考不上大学；而且，她实在太久没读书了，担心自己没办法适应学校生活；她也怕别人会笑她痴心妄想、白日做梦。另外，家计仍是一个沉重的负担，如果她全心念书，经济上恐怕会后继无力，所以她始终不敢和别人商量这件事。

好几次，她都决定要放弃继续求学的念头。可是，她又不甘心，难道这辈子都翻不了身了吗？

（资料来源：https://wenku.baidu.com/view/e9954a14f18583d0496459ad.html，有改动）

砥节砺行

客观事物的发生、发展都有一定的规律，不可能按某一个人的意志去运转，所以为了更好地解决问题，我们在生活中也要采用相对思维而不是绝对思维，避免让非理性信念影响我们的决策。

2. 其他影响因素

缺乏准备、缺乏信息、信息不一致，也会影响个人的职业生涯决策。

1）缺乏准备

（1）缺乏决策动机。例如，认为还没到需要确定职业发展方向或者制订大学生涯目标的时候，不愿意做出选择。

（2）决策犹豫。部分大学生在职业选择过程中会出现决策犹豫，主要表现为不知道该做何种选择，犹豫不决、患得患失、无法取舍、缺乏信心，他们觉得会有更好的机会出现，对未来不确定。

（3）在职业决策方面存在非理性信念，即对决策抱有非理性期望，或者不合理的想法。

2）缺乏信息

（1）缺乏决策过程中的信息，如不知道如何确定职业发展方向或职业生涯目标。

（2）缺乏有关自我的信息，如不了解自己的能力或者职业偏好等。

（3）缺乏职业信息，如缺乏对社会需求、职业环境、职业培训种类等方面的了解。

（4）缺乏获取信息的能力，如不知道如何获取职业、培训等方面的信息。

3）信息不一致

（1）不可靠的信息，如个人特质与正在考虑的职业相矛盾等。

（2）内部冲突，如所学专业与自己的爱好不能很好地结合等。

（3）外部冲突，如父母不同意自己从事所向往的职业。

（二）决策技能的提升

1. 增强决策动机

面对决策，积极主动的态度是非常重要的，不能一味地等待，或总是依靠他人做决策。如果我们缺乏决策动机，可以多和已经做出决定的人交流，从他们身上感受到需要做出决定的压力；也可以与那些刚发生职业生涯转变的人交流，从而更好地理解他们的感受。

2. 强化信息收集

部分大学生缺乏关于目前社会或者工作环境的信息，或者不清楚信息获取的渠道，从而造成决策困难。决策中，应强化信息的收集与了解，因为只有掌握丰富的信息，才能有效地做出决策。大学生可以通过职业测评、他人评价、社会实践、生涯人物访谈等方式了解自己的特质和职场需求。

3. 寻求专业支持

我们可以通过参加各种生涯课程、工作坊、个人咨询等提升决策技能。如果不知道如何做决定，存在内部或外部冲突，可以寻求专业职业咨询人员的帮助。

4. 突破行动障碍

犹豫不决、畏缩不前有可能导致丧失好机遇。增强职业生涯行动的意识和能力非常重要，在促成职业生涯行动的过程中，你可能会发现新的兴趣和潜能，或者发现新的职业机会，从而在内心产生新的创意和想法。

5. 构建积极的自我对话

自我对话是自己在内心对自己说的话，自我对话有时是积极的，有时是消极的。

1）构建积极的自我对话

要想成为一个有效的职业生涯问题解决者，必须认为自己在这个领域是能胜任工作的、有能力的，要对自己做出积极的评价。消极的自我对话会使职业生涯决策产生问题，因为它干扰了信息加工的有效性和效率。当我们陷入消极思维时，我们的大脑常给出这样的结论：“做什么都没有用”，并一再暗示我们“艰难”。因此，要摆脱消极思维，既要培养耐心，又要养成积极的思考习惯。

2）发展自我觉察能力

自我觉察能力是指个体知道自己正在做什么和为什么要做。在决策过程中，对自我的身心状态进行觉察非常重要，这有利于发现阻碍个体做出决策的因素，从而一一解决。优秀的职业生涯问题解决者在决策过程中能够意识到自己的感受、他人的需要，能够平衡自身利益和他人的利益，从而做出于己、于社会大局都有利的选择。我们可以经常问自己有什么样的感受，及时对整个决策过程进行反馈。

例如：我的身体有什么感觉？——精力十足、充满活力、累了、困了、饿了、头疼……

我的心理有什么感受？——沮丧、紧张、焦虑、倦怠、生气、兴奋、开心……

3）发展自我监控能力

自我监控能力是指对自身和正在做的事情的进展状况进行思考和调控。通过自我监控，我们能够监督自己完成决策的过程，及时调整自己的方式和策略。面临职业生涯问题时，我们可以通过运用控制活动来提高问题解决能力。例如，当父母质问我们为什么不选择某专业时，我们可以用从 1 数到 10 的方法来避免爆发争执；在招聘面试之前，我们通过深呼吸来放松；当我们感到自己为职业生涯的不确定性而情绪起伏时，会在头脑中呈现出有利于平静心态的景象。这些自我控制技巧能帮助我们改善自己的认知技能，提高职业生涯决策的能力。

案例精选

理想的选择

古希腊哲学家苏格拉底的三个弟子曾求教于老师：怎样做才是最好的选择。苏格拉底没有直接回答，而是带着他们走进一片苹果林，告诉他们只许前进，且仅给一次机会选摘一个他们认为最大最好的苹果。

第一个弟子没走几步，就看见一个又大又红的苹果，高兴地摘下了。但是他继续前进时，发现前面有许多苹果都比他摘的那个大，他只得遗憾地走完了全程。

第二个弟子吸取了教训。每当他要摘时，总是提醒自己，后面还有更好的。当他快到终点时才发现，机会全错过了。

第三个弟子吸取了前两位的教训。当他走到三分之一时，即分出大、中、小三类，再走三分之一来验证是否正确，等到最后三分之一时，他在大类中选到了一个又红又大又让自己满意的苹果。

（资料来源：http://www.1010jiajiao.com/timu_id_3215781/，有改动）

第三节　目标制订与行动计划

目标是行动的开始，对职业生涯的整个过程起着定向作用。目标是对职业的期望，是从多项职业发展选择中挑选出来的最有可能的一种选择。一个人只有对自己的职业发展方向有清晰的概念，他的生命才会有意义和方向感。

某权威研究机构曾对哈佛大学的一个毕业班级进行了一项跟踪调查。调查显示：80%的毕业生不曾有过明确的目标或抱负；15%的毕业生大致想过自己的目标和抱负，但仅仅是想过而已；仅有 5%的毕业生拥有明确的目标和行动计划。毕业 30 年后，拥有明确目标和抱负的这 5%的毕业生，不仅超额实现了自己设定的目标，他们作为一个整体所拥有的净资产也远远超过了其余 95%的班级成员所拥有的资产总和。

由此可见，成功与否的关键在于，成功者在职业生涯规划中选择了正确的目标，而不成功者则相反。因此，我们常常看到一些天赋相差无几的人，由于选择了不同的方向，人生迥然相异。

一、确定职业生涯目标的 SMART 模式

“SMART”是具体的（specific）、可衡量的（measurable）、可达到的（attainable）、相关的（relevant）和基于时间的（time-based）的简称。

（1）具体的：目标必须是清晰的，并且是可以产生行为导向的。例如，目标“我要成为一个优秀的人”不是一个具体的目标，但目标“我要完成本月 100 万元的销售量”就算得上一个具体的目标了。

（2）可衡量的：目标必须用指标量化。例如，目标“我要完成本月 100 万元的销售量”就对应着量化的指标——100 万元的销售量。

（3）可达到的：一是目标应该在能力范围内；二是目标应该有一定的难度。经常达不到目标会让人沮丧，但太容易达到的目标也会让人失去斗志。

（4）相关的：目标必须与现实生活相关，而不是简单的“白日梦”。

（5）基于时间的：必须确定目标完成的日期。

如何确立职业生涯目标

二、目标分解

想要实现职业发展的总目标，就需要对总目标进行分解，按照任务分，可以分解为若干个子目标；按照时间分，可分为长期目标、中期目标和短期目标。长期目标是希望达到的职业人生理想状态；中期目标是为今后五年左右的时间确定的，包括为了达到这个职业目标而必须接受的训练、教育等；短期目标是大约一个月到一年之间的规划，最好是可行且十分具体的。

举例来说，如果你现在刚上大一，学的是医学，希望毕业后能在大医院从事相关工作，那么，将这个目标倒回来，两年后一定要参加大型医院的工作招考，一年后实习时应当争取到综合大型医院参加临床实习。这样，半年后就应当为去大医院实习做好资格准备。因此，从现在开始就应该系统地学习各专业科目的理论知识、实践知识。

三、制订行动计划

在确定了职业生涯目标后，实施便成了关键环节。没有达成目标的实施过程就谈不上成功。这里所指的实施是指落实目标的具体措施，主要包括每日、每周、每月、每学期、每学年具体实施生涯规划方案的有效行动步骤，如制定并坚持一日和一周生活制度，参加各种有利于职业生涯规划方案实现的社会实践、实习和实训等。

制订行动计划可按以下四个步骤进行：

（1）分析思考，分析自己制订的职业目标和子目标，思考实现这些目标的途径有哪些。

如何制定职业目标实施计划

（2）制订行动计划书，并书面化呈现。

（3）开始行动，按照计划书开展实际行动。利用一切资源和机会争取实现既定目标，同时在行动过程中做好记录，并分析行动结果。科学合理的行动包含两个方面：第一，可以实现；第二，可持续，也就是至少可以持续三个月以上。

（4）反思改进，根据个人需要和现实的不断变化，要不断对行动计划进行评估和调整。

案例精选

即使目标不清楚，也应当全力以赴

小李进大学的时候，不知道自己想要学什么专业，也不清楚自己未来想从事什么样的职业。他修了一些课程，但很少认真学习。他对自己最好的朋友说：“一旦我发现自己真正想做的事情，我就会全力以赴投入进去。到那时，我才不会像现在这样吊儿郎当呢。”他申请了几个校内工作，但是都被拒绝了，因为在推荐函里，老师们对他的评价非常一般。他从未尝试学好所修的任何一门课程，因此也没有对这些课程培养出任何热情。

小李有一个错误的观念，他认为“目标”会无中生有并且等着被发现。他从来没有意识到，只有全身心地投入去做各种各样的工作，目标才会自然而然地形成。如果小李能全身心地投入到自己所学的课程、所参与的活动中去，他的情况会好起来的。果真如此的话，小李会因为坚持不懈而赢得好名声，同时他也很可能会发现自己真正的热情所在。

（资料来源：http://www.360doc.com/content/16/0429/10/30535394_554723895.shtml，有改动）

实践拓展

1. 我的平衡轮

画一个圆，并将其八等分。列出你生活中最重视的八个方面：健康、家庭、事业、爱情、朋友、财富、个人成长和休闲，填入等分的圆中。思考以下问题：

（1）它们的优先顺序是怎样的？

（2）什么对我是最重要的？

（3）每一方面的满意度是多少？（如果 10 分是满分，我给每一方面打几分）在图中用阴影标识出各方面的分数。

（4）你对目前的状况满意吗？如果选一个你最想改变的地方，那是什么？

（5）假如你对不满意的状况进行打分，从 1 到 10，会是几分？假如不满意的状况能得到改善，你希望提升几分？那时，你的生活会有什么不同？你会选择哪些方法去改善？请尽可能多地列出来。

（6）所列方法中，哪一个是你可以马上付诸行动的？当你做到了，谁会为你的改变而高兴？那时的你会对自己说些什么？

2. 寻找人生目标——“六步游戏”

以下是国外学者经过反复探讨而得到的一个寻找人生目标的方法，称为“六步游戏”。现在就让我们通过“六步游戏”来找到自己的人生目标。

游戏道具：4～5 张小纸片。

环境要求：安静舒适。

情绪状态：精神饱满，情绪激昂，思维活跃。

提醒：在考虑目标时，应尽量全面，避免仅从一个方面考虑（如仅考虑事业）。

第一步：寻找终生目标

拿出一张纸片，写下第一个问题：我的终生目标是什么？然后用 2 分钟写下答案，要遵从内心的想法，想的是什么就写下什么。再花 2 分钟进行必要的修改。

如果你无法直接确立人生目标，可以回想一下你童年、少年时的梦想，或者那些令你最开心的事，以此作为启发，再写下你的答案。

第二步：思考如何度过今后三年

请在第二张纸片上，写下第二个问题："我该怎样度过今后三年？"用 2 分钟尽快写下答案，再用 2 分钟把忽视的项目补充在第二张纸片上，所写的内容要比第一张纸片具体。这里的具体是指所做的工作要具体。例如，第一张纸上你写了要过幸福的生活，那么在这张纸上你就要将它分解为较具体、细致的目标。

第三步：半年内最重要的事

在第三张纸上写下第三个问题："我在这半年内应该做哪些事？哪些工作对我最重要？"并写下答案。这张纸片所罗列的内容，应该比第二张纸更具体、细致、全面，是自己需要也是能够立刻做的。

第四步：浏览前三步的答案

浏览一下前三步的答案，你应该发现，第二步的答案就是第一步答案的延伸，第三步答案是前两步答案的继续。如果你的三步答案不具备这种逻辑，就需要重新做，务必使答案符合事物的发展逻辑。

第五步：目标分类

把三张纸片都拿起来，对上面的目标进行归类，如分为事业目标、爱好特长目标、婚恋目标、社会友情目标、身心素质目标、读书目标等。

第六步：确立不同时期的目标

按类别关系，将三张纸片上的目标按同类关系及同性质的关系连成一条线，这样就形成了你的短期、中期、长期目标。然后，结合自己的个人情况，根据短期目标制订切实可行的月计划、周计划、日计划。下一级计划的制订都应该是服务于上一级计划的。例如，制订周计划是为了完成月计划，制订日计划是为了完成周计划。当短期目标实现后，再向下一个目标前进。

3．决策风格类型测试

根据表 3-2，选择符合自身实际情况的选项。

表 3-2 决策风格类型测试表

情景陈述	符合/不符合	类型
（1）我常仓促做草率的判断	□ □	★
（2）我做事情时不喜欢自己出主意	□ □	●
（3）碰到难做的事情，我就把它放到一边	□ □	▲
（4）我会多方收集做决定所必需的一些个人及环境资料	□ □	■
（5）我常凭一时冲动行事	□ □	★
（6）做事时我喜欢有人在身旁，以随时商量	□ □	●
（7）遇到需要做决定的情况，我就紧张不安	□ □	▲
（8）我会将收集的材料加以比较分析，列出选择方案	□ □	■
（9）我经常改变我所做出的决定	□ □	★
（10）发现别人的看法与我的不同，我就不知该怎么办	□ □	●
（11）我做事总是东想西想，下不了决心	□ □	▲
（12）我会权衡各项可选择方案的利弊得失，判断出此时此地最好的选择	□ □	■
（13）做决定之前，我从未做任何准备，也未分析可能的结果	□ □	★
（14）我很容易受别人意见的影响	□ □	●
（15）我觉得做决定是一件痛苦的事情	□ □	▲
（16）我会参考其他人的意见，再斟酌自己的情况来做出最适合自己的决定	□ □	■
（17）我常不经慎重思考就做决定	□ □	★
（18）在父母、师长或亲友催促我做决定之前，我并不打算做任何决定	□ □	●
（19）为了避免做决定的痛苦，我现在并不想做决定	□ □	▲
（20）经过深思熟虑之后，我会明确选择一项最佳的方案	□ □	■
（21）我喜欢凭直觉做事	□ □	★
（22）我常让父母、师长或亲友为我做决定	□ □	●
（23）我处理事情经常犹豫不决	□ □	▲
（24）当已经决定了所选择的方案，我会展开必要的准备行动并全力以赴做好它	□ □	■

计分方式：将同一类型的得分（符合的记 1 分）记入测试结果表，哪种类型得分最高，你可能就属于哪种决策类型。

测试结果：根据表 3-3，判断自己属于哪种决策类型。

表 3-3 测试结果

题号组	1，5，9，13，17，21	2，6，10，14，18，22	3，7，11，15，19，23	4，8，12，16，20，24
得分				
决策类型	直觉型	依赖型	拖延型	理性型

第四章 职业能力提升

知识与能力目标：

- 了解专业能力和通用能力的内涵
- 掌握提升专业能力及通用能力的途径
- 能够在日常生活与学习中通过各种途径提升职业能力

素质目标：

- 培养珍惜时间、勤奋学习的优秀品质
- 增强自信，明白每个人都具有独特的潜在能力，都是可以被雕琢的

引导案例——技能点亮人生

小雪 2012 年从某医学类院校的护理专业毕业后，就进入当地某医院工作。在平时的工作中，她兢兢业业，视病人如亲人，经常向前辈们虚心学习各种操作技能以及与患者有效沟通的技巧。她深知要成为一名优秀的护理工作者，不仅需要较高的综合素质及沟通能力，还要有丰富的专业知识。因此，在繁忙的工作之余，小雪不忘提升学历。在工作和学习两头忙的情况下，小雪仍坚持自己的追求。为此，她苦闷过、犹豫过，但对事业的执着追求最终战胜了一切困难。

在医院工作的短短六年间，小雪获得患者表扬上百次，多次被医院评为"先进工作者""病人满意的护士"。2016 年和 2017 年，小雪代表医院参加了全省护士岗位技能比赛，均获得"二等奖"。现在的小雪已经是科室的技术骨干，在日常工作结束后，她还要负责对全科护理人员进行技能培训。小雪曾说过："医疗卫生行业是一个更新换代非常快的行业，只有不断提升自己的专业能力，才能更好地服务于病人。"

（资料来源：http://www.doc88.com/p-9943776584477.html，有改动）

第一节　专业能力提升

一、专业能力的内涵

能力不是天生形成的，它以知识和智力为基础，是知识、智力加实践的结果。任何一种能力，都是知识（书本知识、社会知识）和智力（注意力、观察力、思维力、想象力等）应用于实践中的结果。

同样，专业能力也离不开知识、智力和实践。专业能力是指从事职业活动和创业活动所需要的知识和技能，以及运用已经掌握的知识和技能解决职业工作中实际问题的能力，是人们从事某一特定职业所必须具备的能力和本领，如掌握知识的能力、运用知识的熟练度和准确度等。

二、提升专业能力的途径

高等教育培养的是生产、服务、管理等领域的一线人才，要求从业者既要有扎实的知识功底，又要有解决问题的能力，这就要求学生要将理论与实践相结合，在职业发展方向上逐步提升解决专业问题的能力。因此，专业能力的提升是建立在学生主动学习的基础之上的，如果没有学好专业知识，没有掌握一定的专业技能，即使已经就业，也很难胜任生产服务等一线岗位。

（一）学会学习，积累专业知识

知识是能力的基础，离开了知识的积累，能力就成了“无源之水”。历史上有所建树之人，之所以能够成功，不仅是因为他们掌握了一定的知识结构、具备较高的知识水平，还因为他们始终处于一种“知识不饱和状态”，十分注意弥补知识的不足。在当今时代，知识更新速度不断加快，一个人通过学校常规教育所获得的知识相当有限。因此，我们必须学会学习，充分利用学校现有的丰富教学资源和条件，不断通过自我教育更新自己的知识，才能更加准确、深刻地认识和解释专业领域中的各种事物和状态，为我们今后的职业生涯打下坚实的知识基础。

以下列举几种常见的学习方法。

1. 目的性学习

目的性学习是指有明确的目标意识，对自己所要达到的学习要求及其社会价值有所认识，并能主动规划和安排自己的学习。

2. 选择性学习

选择性学习是能根据学习要求有效地选择自己学习的内容，在大量信息面前，具有捕捉信息、敏锐感受和理解信息的能力，并能根据自己的需要进行分类、整理。

3. 研究性学习

研究性学习是根据本专业、本学科的学习要求，选择一些领域进行从已知内容到未知内容的研究探索，在发现问题、研究问题中获得新知。

4. 实践性学习

实践性学习是在专业实践、生产实践、社会实践中实现认识的深化和飞跃。

5. 创造性学习

创造性学习是不满足获得现成的答案和结果，对所学习的内容能展开独立思考，并进行多角度思考，把思考内容综合为整体认识，能创造性地运用所学知识去适应新的情况，探索新的问题，不断拓宽自己的视野。

案例精选

一条线和一万美元的故事

20世纪初期，美国福特公司的一台电机出现故障，很多人一起修了两三个月都没有修好。在束手无策的情况下，有人向公司推荐了当时已经移居美国的德国科技企业管理专家斯坦门茨。斯坦门茨在电机旁边仔细观察，计算了两天后，就用粉笔在电机的外壳上画了一条线，说："打开电机，在记号处把里面的线圈减少16圈。"人们半信半疑地照他的话去做，结果问题果真出在那里。

电机修好后，有关人员问他要多少酬金，他说："1万美元！"那人还以为自己听错了，于是便要求斯坦门茨列出账单说明费用的支出。斯坦门茨写道："用粉笔画一条线1美元，知道在哪里画这条线9 999美元。"账单送到了公司老板那里，老板看后连连点头，很快付了一万美元，并花重金聘用了他。

（资料来源：https://wenku.baidu.com/view/99d1c4a988eb172ded630b1c59eef8c75ebf9538.html，有改动）

（二）积极实践，提升专业技能

对于大学生来说，会做比会说更重要，因为工作中所依赖的知识大部分是实践知识，理论知识只有转化为实践技能后，才能应用到工作中，但实践技能的提升不能只靠教师的知识灌输和传授，还需要学生在一定社会条件下进行自觉锻炼和实践，经过反复操作，才能提升技能的熟练程度，进而达到更高的技能水平，形成自己的技能经验。

学生要善于利用学校所提供的各种提升专业实践技能的机会，如社团活动、实训课、实习等；同时也应强化自身的专业知识结构，积极投入实践活动，运用理论知识解决具体问题，培养自己独立操作的意识和能力，将知识转化为技能，形成实际工作能力，才能使自己在职场中立于不败之地。

（三）提升分析问题、解决问题的能力

我们将来面临的职业环境不会仅仅像一条只需要机械操作的生产线那样简单。在以后的专业工作中，会遇到各种各样的困难和挑战，需要自己解决。因此我们需要努力提升分析问题和解决问题的能力。

分析和解决问题的能力是指个体能够准确地把握事情发展的关键，经过有效的分析，提出解决问题的意见或方案。调查显示：具有较高分析、解决问题能力的毕业生最受用人单位青睐，这项技能能够帮助学生顺利就业，并在未来的职业发展中永葆积极向上的活力。

一般来说，解决问题主要包括以下几个过程。

1．发现问题

问题本身是客观存在的，有的问题较为明显，容易被发现，而有的问题则比较隐蔽，不容易被挖掘出来。能否发现问题，取决于三个因素：一是解决问题者活动的积极性，积极性越高，接触面越广，发现问题的可能性就越高；二是解决问题者的知识经验，知识越广博，经验越丰富，视野也就越开阔，同样越容易发现问题；三是解决问题者的求知欲望，求知欲望越高的人，越不满足于对事物的一般了解，对新知识的渴求会促使他们发现新问题。

2．提出问题

提出问题就是敢于质疑问题的存在。在分析问题的过程中，发现问题较容易，但是敢于质疑权威，提出问题，说出自己的想法却是难事。在日常学习工作中，我们都面临着大量的问题，在权威解释面前，我们的思想难免会“懒惰”，最终会针对问题提出自己质疑的人少之又少。

3．分析问题

分析问题就是认清问题的关键所在。只有这样才能明确目标，找到解决问题的根本。任何问题都包括要求和条件两个方面。要求是解决问题时要达到的目的，条件是问题解决过程中所能利用的因素和必须接受的限制。分析问题就是要分析问题的要求和条件，找出它们之间的内在联系，把握住问题的主要矛盾，明确解决问题的方向。

4．解决问题

一旦明确了问题的根源，问题解决者就可以制定出相应的对策加以解决。“假设”就是提出解决问题的可能途径和方法。对于同一个问题，问题解决者往往会提出多种假设，以确定最佳解决方案。

想一想

不同职业对其从业者的专业能力要求不同，例如：

教师：表述技能、书写技能、信息处理技能、应用现代教学媒体的能力等。

公务人员：语言、组织管理、文字书写、计算机管理等。

IT 人员：编程、网络维护等。

请根据自己的专业列举相关职业所需具备的专业能力：________________

____

第二节　通用能力提升

一、通用能力的内涵

通用能力是相对于专业能力而言的，顾名思义，就是“通用性”的能力，对于各种职业而言，这种能力都是适用的，是从事任何职业的人要想取得成功都必须具备的能力，是一种超越具体职业，对人的终身发展起重要作用的能力。具体来说，通用能力就是人们在各种不同的环境中培养出来的、具有可迁移性的、从事任何职业都必不可少的跨职业能力，该能力可以提高人们工作的效率、灵活性、适应性和机动性，是个人获得就业机会、事业发展的重要保障。

二、提升通用能力的途径

（一）提升情绪管理能力

情绪是伴随认知过程产生的，是一种由客观事物与人的需要相互作用而产生的包含体验、生理和表情的整合性心理过程。情绪是丰富多彩、复杂多样的，可分为正面情绪和负面情绪。

我们要善于掌握自我，对生活中由矛盾和事件引起的负面情绪能进行适当地排解，能以乐观的态度、幽默的情趣及时缓解紧张的心理状态。情绪管理能力强的人比较容易找回心灵的轻松和平静；情绪管理能力差的人常常被突发情绪所引导，无法摆脱负面情绪。在现实生活中，如果人们能够有效地进行情绪管理，挖掘和培养自己的情绪智商，提升驾驭情绪的能力，建立和维护良好的情绪状态，就能时时刻刻体会到积极情绪带来的心理和生理上的变化，也能不断提高自己的身心健康水平。

案例精选

小小的苍蝇击败了一个世界冠军

1965年9月7日，世界台球冠军争夺赛在纽约举行。路易斯·福克斯成绩远远领先于对手，只要顺利发挥便可登上冠军宝座。然而，正当他准备全力以赴拿下比赛时，一只苍蝇落在主球上。路易斯没有在意，挥手赶走苍蝇，俯身准备击球。可当他的目光落到主球上时，这只可恶的苍蝇又落到主球上，他又挥了挥手赶跑了它，这时观众席上发出了笑声。正当路易斯俯身再次准备击球的时候，这只苍蝇好像故意要和他作对，又落在了主球上。路易斯和苍蝇之间的周旋惹得现场的观众笑得前仰后合。此时，路易斯的情绪显然恶劣到了极点，他愤怒地用球杆去击打苍蝇，一不小心球杆碰动了主球，裁判判他击球，他失去了一轮机会。本以为败局已定的竞争对手见状，勇气大增，信心十足，连连过关；而路易斯则在极度愤怒与懊恼情绪的驱使下，接连失利，最终被对手反超，与世界冠军擦身而过。

（资料来源：http://news.ifeng.com/a/20140822/41686840_0.shtml，有改动）

提升情绪管理能力的方法有以下几种。

1. 敏锐觉察自己的情绪状态

心理学家认为，情绪的产生并不是诱发事件本身直接引起的，而是经历这一事件的个体对这一事件的解释和评价所引起的。这就是著名的情绪理论（ABC 理论）。例如，有的人因为做了错事便认为自己无能，于是会感到很自卑，在这里，做错了事就是引发事件“A”；认为自己无能就是对这件事的评价和解释“B”；自卑就是因为认为自己无能而引起的情绪体验“C”。该理论认为，改变你对该事件的解释和评价，就可以改变你所体验到的情绪。因此，经常反省自己的情绪状态，能够提升自己在这方面的敏锐性，久而久之就能形成习惯，从而为自己的情绪管理能力打下很好的基础。

在日常生活中，我们可以经常提醒自己注意：我现在的情绪是什么？特别是当自己产生一些负面或是消极情绪时，要提醒自己冷静，问问自己“我为什么会有这种情绪”等。

2. 妥善控制自己的负面情绪

美国心理学家通过研究发现，人的一生平均有20%的时间处于情绪不佳的状态，因此，情绪不好是很常见的生活体验。这时，情绪管理的任务就是妥善控制自己。

控制自己的负面情绪并不意味着一味压抑，那样可能会适得其反，有损自己的身心健康。妥善的做法是用恰当的方式来表达，用合理的方法来宣泄。例如，当某种负面情绪出现时，可以有意识地通过转移问题或焦点，来分散和转移自己的不良情绪，等到心情平静之后，再考虑如何解决问题。

3. 调整自己的想法

如前所述，情绪归根结底源于我们内心的想法。如果我们能够主动检视自己的想法，改变不合适的信念，那么做到“选择”情绪就不是一件难事。所以，当情绪不佳的时候，我们可以主动改变自己，激励自己，增强自信心、进取心，使自己保持乐观豁达的心态。

（二）提升时间管理能力

时间是最宝贵、最稀缺的资源，它无法再生、无法储存。人类的一切活动都要在时间中进行，人类社会也在随着时间发展变化。现代管理大师彼德·德鲁克说："不能管理时间，便什么都不能管理。"科学合理地管理和利用时间是现代人社会性格的一个重要标志。

时间管理

时间管理是指为提高时间的利用率和有效性，而对时间进行的合理计划与控制、有效安排与利用的管理过程。对大学生来说，学会把握时间，树立强烈的时间观念，养成良好的学习和生活习惯，对于管理自己的大学生活、规划自己的未来有着至关重要的作用。

案例精选

忙碌的农夫

有一个农夫一早起来去耕田，当他走到田地时，却发现耕耘机没有油了；原本打算立刻去加油，突然想到家里的猪还没有喂，于是转回家去；途中经过木材堆，又记起家中需要一些柴火；正当要去取柴的时候，看见一只生病的鸡躺在地上……这样来来回回跑了几趟，这个农夫从早上一直到太阳落山，油也没加、猪也没喂、田也没耕……

（资料来源：http://www.sohu.com/a/115003074_468647，有改动）

提升管理时间的能力，可以从以下几方面做起。

1．树立时间管理意识

人的行为是由意识支配的，有效地管理时间不仅可以带来生活质量的提高，还可以帮助我们实现理想、塑造形象、提升自我价值、实现自我管理等，只有树立起管理时间的意识，才会主动考虑如何合理分配时间，从而提高效率、充分利用时间。

2．设定优先顺序

时间对于每个人来说都是公平的，合理地分配与利用时间是一个人取得成功的关键。每个人每天都有很多事情要做，仅靠记忆很难保证不会遗漏某些重要的事情。因此我们应该在分配时间之前，将事情按轻重缓急进行分类和排序，从最为紧急和重要的任务开始处理，尽量用最少的时间获得最大的成果。

3．排除干扰，适时说"不"

大学生在学习生活中很常见的一种情况就是不会拒绝，特别是那些热情合群的大学生，他们喜欢表现自己，缺乏时间管理观念，往往不假思索地接受别人的请求和提议。其实，量力而行、适当拒绝是做到有效管理时间的必要条件。当我们遇到他人的委托时，不要急于接受，要根据实际情况，分析自己是否可以接受，如果不能，则要适时说“不”。

（三）提升人际交往与沟通能力

社交恐惧的九个表现

人际交往与沟通能力已成为每个人生存、生活和发展过程中越来越重要的能力。哈佛大学就业指导小组曾对几千名被解雇的人员进行过综合调查，结果显示：因人际关系不好而离职的，比不称职而离职的人高出两倍多；因人际关系不好而无法施展其才华的人占到90%以上；在工作中，80%失败的人，不是因为他们的专业能力或工作动机不够，而是因为他们无法与他人一起工作、好好相处。可见，人际关系具有社会功能，加强人际沟通，人际关系才能得以维系和发展。

人际交往与沟通能力就是能够把自己的想法、意见传达给他人，让他人充分理解自己的想法与意见，也能够接收并充分理解他人的想法和意见的能力。人际交往与沟通不仅需要语言交流能力，还需要倾听能力、文字表达能力和演讲能力等。

案例精选

有效的语言沟通

护士小李今天第一天上班，晚上10点了，可是15床的好几位家属还是不愿意走，说是担心病人病情，想要陪着。

小李对家属说：“我们医院是有规定的，晚上只能留一个，其他人必须离开”。

护士小王听到后，赶紧过来，在了解家属不愿意离开的原因后，对家属说：“我非常理解你们的心情，我们医护人员都有值班的，负责随时观察患者的病情。再说，现在是熄灯时间，病房里的其他病人也需要休息，你们可以留一个家属陪在这里，然后把日光灯换成床头灯，你们看这样行吗？”

（资料来源：https://www.jinchutou.com/p-54792075.html，有改动）

1. 人际交往的原则

1）诚信的原则

这是人与人之间最基本的交往原则，也是人重要的品质。

2）交互的原则

人际关系的基础是人与人之间的相互重视、相互支持，所以在人际交往中应当避免以自我为中心。

3）互利互惠的原则

人际交往是一种双向行为，只有单方获得好处的人际交往是不能长久的，所以要双方都受益，这样人际关系才能够维持和发展。

2. 大学生人际交往的基本技巧

1）平等相处，尊重他人

平等是建立良好人际关系的前提。大学生在人际交往中，只有尊重对方、将心比心、以情换情，达到相互间的心理平衡与理解，人际关系才会更加协调和融洽；只有尊重他人，才会获得他人的尊重。

2）学会真诚地赞美他人

赞美他人，仿佛用一支“火把”照亮他人的生活，也照亮自己的心田，有助于发扬被赞美者的美德、推动彼此友谊健康地发展。真诚地赞美会给对方带来快乐，欢乐和谐的氛围会使人与人之间的关系变得轻松融洽。任何人都希望得到他人的认可与赏识，赞美能让人身心愉悦，还能激发自豪感，增强自信。但赞美要真诚，要有感而发，否则就成了恭维。而这种真诚和有感而发，需要一颗充满自信的爱心，需要一种不断学习他人、完善自我的胸怀。

3）学会宽容和谅解

人不可能十全十美，每个人都有优点和缺点。在人际交往中，我们不能以自己的主观意愿苛求他人，不能只看到他人的短处，要多想他人的长处。在交往过程中难免会遇到一些让人不愉快的人和事，如果耿耿于怀、斤斤计较，必然导致隔阂，人际关系只会越来越紧张，对人对己没有任何益处。学会原谅别人能避免许多不必要的纷争，但原谅不是无原则的忍让，不是好坏不分、软弱可欺。

4）学会换位思考

在人际交往中，我们都会站在自己的角度思考问题，维护自己的利益，但同时，我们又会非常讨厌那些为了自己的利益而不惜牺牲他人利益的人。因此，在争取自己利益的同时，也要兼顾他人的利益，要做到“己所不欲，勿施于人”，学会换位思考。

5）关心帮助他人

每个人都有可能遇到困难，需要他人的帮助。当他人遇到困难、挫折，需要帮助的时候，我们要能伸出自己的援助之手，给予他人关心、帮助和支持。一个不愿意帮助他人的人，也很难得到他人的帮助。

6）保持独立自主与谦虚的品格

与人交往时要有自己的主见，不要人云亦云、趋炎附势，更不要骄傲自满、目空一切。

不要总是与人争论，无论自己如何有理、对方如何无理，都不需要处处、事事、时时显示自己的高明。否则，长此以往，会让人难以容忍，不利于良好人际关系的发展。

7）保持微笑和愉快的心情

微笑有助于增进交流，缓解紧张冲突的气氛。日常交往中要学会带着真诚的微笑与人交流，只有真诚的、发自内心的微笑，才能给人带来温暖，才会给人留下美好深刻的印象。

8）倾听并恰当地给予反馈

倾听表示尊重、理解和接纳，是连结心灵的桥梁。在与人交谈时要专注，积极倾听他人的谈话，不时地给予适当的反馈和提问；同时，不要随意打断他人的谈话，在表达自己的不同看法时，首先要认可当事人的想法，再礼貌地提出自己的看法，只有这样，才会在表明观点的同时避免冲突，不伤及彼此的关系。

（四）提高团队合作能力

随着社会的不断发展进步，人们在工作中面临的问题日益复杂，往往涉及多种专业的内容，单靠一个人很难胜任，需要人们通力配合，综合多方面的知识才能完成。因此，团队合作就显得越来越重要，许多企业都把团队合作精神作为企业文化的重要组成部分。用人单位在招聘大学生时，也会把是否具有团队合作能力作为录用大学生的重要标准之一。

高绩效团队是什么样的

团队合作是一群有能力、有信仰的人为了一个共同的目标，而相互支持、合作、奋斗的过程。团队合作能力则是建立在团队基础上，发挥团队精神，以达到团队最大工作效率的能力。充分理解团队合作精神的人，更具有理解和感受不同情境的能力，他们懂得社会和时代需要什么，自己缺少什么，才会不断完善自己，提升自己的能力，使自己适应社会和时代的需要。

案例精选

阿豺折箭

从前，吐谷浑国的国王阿豺有 20 个儿子。他这 20 个儿子个个都很有本领，难分上下。可是他们自恃本领强，都不把别人放在眼里，认为自己最有才能。20 个儿子常常明争暗斗，见面就互相讥讽，在背后也总爱说对方的坏话。阿豺看到儿子们互不相容，很是担心，他明白敌人很容易利用这种不睦的局面来各个击破，那样一来国家的安危就悬于一线了。阿豺常常利用各种机会和场合来苦口婆心地教导儿子们，让他们停止互相攻击，学会相互团结友爱。可是儿子们对父亲的话都是左耳进、右耳出，表面上装作遵从教诲，实际上并没有放在心上，依然我行我素。阿豺一天天老去，他明白自己在位的日子不会很久了。儿子们怎么办呢？再没有人能教导他们、调解他们之间的矛盾了，那国家不是要四分五裂了吗？究竟用什么办法才能让他们懂得要团结起来呢？

有一天，他终于有了主意。他把儿子们召集到病榻前，吩咐他们："你们每个人都放一支箭在地上。"儿子们不知何故，但还是照办了。阿豺又叫来自己的弟弟慕利延说："你随便拾一支箭折断它。"慕利延顺手捡起身边的一支箭，稍一用力，箭就断了。阿豺又说："现在你把剩下的 19 支箭全都拾起来，把它们捆在一起，再试着折断。"慕利延拾起捆在一起的箭，使出了全身力气，折腾得满头大汗，始终也没能将箭折断。阿豺缓缓地转向儿子们，语重心长地开口说道："你们也都看得很明白了，一支箭，轻轻一折就断了，可是合在一起的时候，就怎么也折不断。你们兄弟也是如此，如果互相斗气、单独行动，很容易失败，只有 20 个人联合起来，齐心协力，才会产生无比巨大的力量，才能战胜一切，保障国家的安全。这就是团结的力量啊！"儿子们终于领悟到了父亲的良苦用心，想起自己以往的行为，都悔恨地流着泪说："父亲，我们明白了，您放心吧！"

（资料来源：http://www.chinanews.com/cul/2015/07-31/7439273.shtml，有改动）

提高自己的团队合作能力，需要做到以下几个方面。

1．尊重

要提高团队合作能力、尽快地融入团队、提高团队的战斗力，首先要学会尊重他人。团队是由不同的成员组成的，每一个成员都值得他人去尊重。只有团队中每一个成员备受尊重，才能保证成员间的平等关系，促进团队营造出和谐融洽的氛围，使团队资源得到最大化的共享。

2．信任

信任是合作的基础，它是一种激励，更是一种力量。团队是一个相互协作的群体，需要团队成员之间建立相互信任的关系。这种信任可以在团队内部创造高度互信的互动能量，同时这种能量能促使成员更加相信团队的奋斗目标，使每一个成员更加乐于付出自己的能量和激情。

3．宽容

宽容是团队的润滑剂，能消除分歧和争端，它能使团队成员互敬互重、和谐相处，从而安心工作，体会到合作的快乐。

4. 负责

团队在运作过程中难免会出现错误，若每一次出现错误时大家都相互推卸责任，这个团队就不可能成功。所以团队成员要敢于担当，对自己和整个团队负责。

5. 互助

当团队出现“短板”时，团队成员要学会互助，不能只顾自己前进。只有想方设法让“短板”变成“长板”，才能完全发挥团队的作用。

（五）提升行动能力

思考是一种能力，行动也是一种能力，我们要做到先思考、再行动。思考能够帮助我们分析问题，确立目标；而行动则是解决问题、实现目标的必要条件。成功最终取决于我们采取了多少行动，而不是取决于我们知道多少。

很多时候，我们常常给自己的不行动找很多的借口，这是因为我们对未知的事情没有信心和把握。犹豫、拖延、逃避，不但会浪费时间，还会不断滋长我们的恐惧。所以，我们必须培养自己“立即行动”的习惯，不能让自己陷入恶性循环之中。

想一想

我们每个人都有行动能力，但水平有高低之分，各自也有不同的特点。有的同学常常能够马上行动，但难以坚持；有的同学虽然行动速度较慢，但能坚持很久。想一想，自己身上有怎样的行动特点？在以后的职业生涯中，应如何改进？

砥节砺行★

专业能力和通用能力在每个人的职业生涯中都是必备的基本能力。无论个人的能力倾向如何，将来选择什么样的职业，都不能忽视这些能力的提升。因此，大学生在努力学习专业理论知识，掌握扎实的专业技术的同时，还要主动提升自己的综合素质和能力，在满足社会需要的同时，实现自己的职业发展目标，达到双赢。

榜样力量

新时期的蓝领专家——孔祥瑞

1972 年初中毕业后，孔祥瑞到天津港当上了一名门吊司机。他把工作岗位作为课堂，把生产实践作为教材，把设备故障作为课题，把身边拥有一技之长的工友作为老师，始终坚持在实践中学习，在实践中成长，不断钻研，攻克了一个又一个技术难关，由一名技术工人成长为“蓝领专家”。

2001 年，他主持创新了“门机主令器星形操作法”，使门机每一次作业可节省 15.8 秒，当年就创造效益 1 600 万元。2003 年，他主持的“门座式起重机中心集电器”技改项目获得国家实用新型发明专利。从 2004 年起，他带领科技人员先后完成了翻车摘钩机等 80 多项技术革新。2006 年，他改进设备电缆，节约维修成本 100 多万元。2007 年，他攻克“大型机械行走防碰撞装置”难题，创造效益 180 余万元。他主持研制的“大型机械电缆防出槽技术”获国家实用新型发明专利，并创造效益 990 万元。

1994 年以来，孔祥瑞八次被评为天津市“八五”“九五”“十一五”立功先进个人；先后荣获 1998 年度天津市劳动模范、2000 年度天津市特等劳动模范、2001 年全国“五一劳动奖章”、2005 年度全国劳动模范、2006 年度全国优秀共产党员等荣誉。

（资料来源：
http://news.163.com/15/0505/01/AOQKIONM00014AED.html，有改动）

实践拓展

请完成以下情商测试问卷。本问卷共 33 题，测试时间 25 分钟。如果你已经准备就绪，请开始答题。

第 1~9 题：请如实回答下列问题，将答案填入横线处。

（1）我有能力克服各种困难：________

A．是　　B．不一定　　C．不是

（2）如果我到一个新环境，我要把生活安排得：________

A．和从前一样　　B．不一定　　C．和从前不一样

（3）我觉得将来自己能达到所预想的目标：________

A．是　　B．不一定　　C．不是

（4）不知为什么，有些人总是回避或冷淡我：________

A．不是　　B．不一定　　C．是

（5）在大街上，我常常避开我不愿打招呼的人：________

A．从未如此　　B．偶尔如此　　C．有时如此

（6）当我集中精力工作时，即使有人在旁边高谈阔论：________

A．我仍能用心工作

B．介于 A 和 C 之间

C．我不能专心且感到愤怒

（7）我不论到什么地方，都能清晰地辨别方向：________

A．是　　B．不一定　　C．不是

（8）我热爱所学的专业和所从事的工作：________

A．是　　B．不一定　　C．不是

（9）气候变化不会影响我的情绪：________

A．是　　B．不一定　　C．不是

第 10～16 题：请如实回答下列问题，将答案填入横线处。

（10）我从不因流言蜚语而气愤：________

A．是　　B．介于 A 和 C 之间　　C．不是

（11）我善于控制自己的面部表情：________

A．是　　B．不一定　　C．不是

（12）就寝时，我常常：________

A．极易入睡　　B．介于 A 和 C 之间　　C．不易入睡

（13）有人侵扰我时，我：________

A．不露声色

B．介于 A、C 之间

C．大声抗议，以发泄自己的愤怒

（14）在和人争辩或工作出现失误后，我常常感到震颤、精疲力竭，不能继续安心工作：________

A．不是　　B．介于 A 和 C 之间　　C．是

（15）我常常被一些无谓的小事困扰：________

A．不是　　B．介于 A 和 C 之间　　C．是

（16）我宁愿住在僻静的郊区，也不愿住在嘈杂的市区：________

A．不是　　B．不确定　　C．是

第 17～25 题：下面各题，请选择一个和自己最相符的答案填入横线处。

（17）我被朋友、同事起过绰号、讥讽过：________

A．从来没有　　B．偶尔有过　　C．经常

（18）有一种食物使我吃后呕吐：________

A．没有　　B．记不清　　C．有

（19）除看见的世界外，我心中没有另外的世界：________

A．是的　　B．不确定　　C．不是

（20）我会想到若干年后有什么使自己极为不安的事：________

A．从来没想过　　B．偶尔想到过　　C．经常想到

（21）我常常觉得家人对自己不好，但我又确切地认识到他们的确对我好：________

A．否　　B．不确定　　C．是

（22）每天我一回家就立即把门关上：________

A．否　　B．不确定　　C．是

（23）我坐在小房间里把门关上，仍觉得心里不安：________

A．否　　B．偶尔是　　C．是

（24）当一件事需要我做决定时，我常常觉得很难：________

A．否　　B．偶尔是　　C．是

（25）我常常用抛硬币、翻纸牌、抽签之类的游戏来猜测凶吉：________

A．否　　B．偶尔是　　C．是

第 26～29 题：下面各题，请按实际情况作答，仅回答“是”或“否”，在你选择的答案旁打“√”。

（26）为了工作或学习，我早出晚归，早晨起床时常常感到疲惫不堪：

是____________　　否____________

（27）在某种心境下，我会因为困惑陷入空想，将工作搁置下来：

是____________　　否____________

（28）我神经脆弱，稍有刺激就会使我战栗：

是____________　　否____________

（29）睡梦中我常常被噩梦惊醒：

是____________　　否____________

第 30～33 题：本组测试共 4 题，每题有 5 个答案，请选择与自己最相符的答案，在你选择的答案处打“√”。

（30）工作或学习中，我愿挑战艰巨的任务：

从不_____　几乎不_____　一半时间_____　大多数时间_____　总是_____

（31）我常发现别人好的意愿：

从不_____　几乎不_____　一半时间_____　大多数时间_____　总是_____

（32）我能听取不同的意见，包括对自己的批评：

从不_____　几乎不_____　一半时间_____　大多数时间_____　总是_____

（33）我时常勉励自己，对未来充满希望：

从不_____　几乎不_____　一半时间_____　大多数时间_____　总是_____

计分标准：

第 1～9 题，选择 A 计 6 分，选择 B 计 3 分，选择 C 计 0 分；合计 ____________分；

第 10～16 题，选择 A 计 5 分，选择 B 计 2 分，选择 C 计 0 分；合计____________分；

第 17～25 题，选择 A 计 5 分，选择 B 计 2 分，选择 C 计 0 分；合计____________分；

第 26～29 题，选择“是”计 0 分，选择“否”计 5 分；合计____________分；

第 30～33 题，选择“从不”计-1 分，选择“几乎不”计-2 分，选择“一半时间”计-3 分，选择“大多数时间”计-4 分，选择“总是”计-5 分；合计 ____________分；

第 1～33 题，总计 ____________分。

得分 90 分以下，说明你情商较低，常常不能控制自己，极易被自己的情绪所影响。这是非常危险的信号——你的事业可能会毁于暴躁。对此最好的解决办法是保持头脑冷静，使自己心情开朗。

得分 90～129 分，说明你情商一般，对于一件事，不同时候表现不一，这与意识有关，虽然比 90 分以下者更具有情商意识，但这种意识不是常常都有，因此需要多加注意。

得分 130～149 分，说明你情商较高，是一个快乐的人，不易惊恐和担忧，对于工作热情投入、敢于负责，为人正义、正直，有同情心，这是长处，应该努力保持。

得分 150 分以上，你是个情商高手，具备了事业有成的一个重要前提条件。

建议：

要提高自己的情商，可采取以下措施。

（1）提升自我认知能力——高情商的一个重要标志就是能习惯性地察觉自己情绪的变化，并根据环境条件积极主动地调适自己的心理，判断情绪的影响，做出恰当的行为反应。

（2）采用自我激励技巧——用生活中的哲理或某些明智的思想来鼓励自己与痛苦和逆境做斗争。

（3）锻炼情绪调控能力——学会驾驭自己的情绪，任何时候都要能做到头脑冷静、行为理智、抑制感情冲动、克制急切欲望，及时化解和排除不良情绪。

（4）培养人际交往与沟通能力——具备处理各种关系时需要的同理心，学会设身处地为别人着想，领悟对方的感受，尊重他人的意见，善于与人沟通合作。

（5）练就认知他人情绪的能力。

此外，认清自己的情商盲点，有针对性地采取恰当的策略，对提高情商有举足轻重的作用。

就业指导篇

第五章

就业形势与政策

知识与能力目标：

- 了解大学生面临的就业形势
- 熟悉影响大学生就业的因素
- 理解大学生就业难的原因

素质目标：

- 熟悉我国大学生就业的基本政策和特殊政策，感受国家及各级地方政府对高校毕业生就业的大力支持，增强制度自信
- 通过对就业帮扶政策及近些年大学生就业状况的分析，树立就业信心

引导案例——国家政策助力大学生创业

一小片叶子，只要有阳光和水，就能生根发芽，这就是生命力顽强的多肉植物。韩颖的创业史就像多肉一样向阳而生，闯出了自己的一片天。

韩颖，青海民族大学 2021 届法学专业本科毕业生，在校期间创立“仙萌”多肉品牌，用两年多的时间将家里的多肉花园发展成为四五座大棚、10 万株多肉、年利润六七十万元的“多肉王国”。

读高中时，韩颖就是一位多肉爱好者，在家里和宿舍都养了很多多肉。起初，韩颖在网上购买多肉，但是折损率很高，而当地线下售卖的多肉价格几乎是网上购买的 10 倍。

大一的时候，韩颖加入了青海民族大学的创业者协会，了解了很多创新创业的案例和国家对大学生创业的支持政策，创业的念头萌发。“青海日照长、紫外线强烈、气候干燥、昼夜温差大，非常适合多肉植物生长。”韩颖把创业目光锁定在了自己的爱好——多肉植物上。大一暑假她考察了云南、山东等地的多肉大棚，批发了一批成品多肉到青海，由于品类多、价格低，很快销售一空。

为了能自主培育多肉幼苗，韩颖上课之余就泡在种植基地。平整土地、打夯、铺沙、铺地布、配制有机土壤、调节水的酸碱度、架设滴灌喷头……高原的阳光把她晒得很黑，时尚女孩在大棚里成了在泥土中打滚的女孩。

大棚步入正轨后，韩颖积极带动附近农户种植多肉，还解决了两名残疾人的就业问题。现在除了多肉大棚批发和零售多肉外，韩颖还开发了多肉代养等服务，已经有 8 名固定员工负责培育和销售多肉。

谈及未来发展，韩颖正在规划多肉博物馆，成立多肉种植合作社，把“多肉王国”越做越大。

（资料来源：http://www.moe.gov.cn/jyb_xwfb/s5147/202106/t20210618_538751.html，有改动）

第一节　大学生就业形势

一、大学生面临的就业形势

我国高校自 1999 年实施扩招以来，高校毕业生每年以 15%的速度增长。数据显示，2018 年普通高校毕业生人数共计 820 万人，2019 年将达到 834 万人，再创历史新高。高校毕业生数量逐年增长，毕业生的就业形势日趋严峻，呈现出以下特点：

高校毕业生就业水平与往年持平

（1）高校毕业生由“精英”走向“大众”。根据西方经济学中的稀缺性原理，高等教育进入大众化时代，大学生不再是天之骄子，不再是稀缺资源，他们和其他社会层次的就业人员一样，不再占有优势。

（2）大学生就业市场进一步由“卖方”走向“买方”。在就业中，高校毕业生处于劣势地位，用人单位处于优势地位，就业市场由卖方走向买方。

（3）高校毕业生初次就业率较低。高校毕业生数量逐年增长，但是高校毕业生初次就业率没有明显提高。

拓展阅读

高等教育发展的三个阶段

教育社会学家马丁·特罗根据适龄青年入学率的不同，将高等教育的发展过程划分为“英才”“大众”“普及”三个阶段，并提出了具体的量化指标。

高等教育入学率在 15%以下时，称为英才教育阶段。

当高等教育入学率为 15%～50%时，称为大众化教育阶段。在大众化教育阶段，高等学校的功能虽仍然是为了培养精英，但这是一种更广泛意义上的精英，包括所有经济和技术组织中的领导阶层；教育的重心也从塑造人格转向传授更为具体的技能。

当高等教育入学率超过 50%时，称为普及化教育阶段。此时，高等教育越来越成为一种义务。对于那些社会中上阶层的子女来讲，只要没有智力障碍，都能进入大学。而且，随着更多的人接受高等教育，好的工作机会和经济报酬将以获得大学学士学位作为前提。高等教育机构开始关心为大多数人在发达工业化社会中的生活做准备，教育的首要目的不再为了培养精英，而是面向全体公民。它关注的焦点是尽可能地提高人们的适应能力，以适应社会发展。

（资料来源：http://www.chinawenben.com/file/xoasiaosiras6ii6tstiwe3o_1.html，有改动）

二、影响大学生就业的因素

（一）毕业生供给与岗位需求

当前，我国经济发展进入一个新常态，社会对高校毕业生的需求处于相对稳定的阶段，高校毕业生供给增长的速度与经济增长速度不匹配，劳动力市场在短时间内难以吸纳全部高校毕业生就业。

（二）经济发展与结构调整

在供大于求的前提下，就业问题宏观上只有通过大幅度增加岗位来解决。而就业岗位的增长幅度与经济增长的幅度密切相关。当经济快速健康增长时，就业岗位相应增加；反之，岗位就会减少。我国在过去 20 年间，国民经济快速发展，为社会提供了大量的就业机会。然而，由于产业结构发展的不平衡和经济结构的变动，劳动力的供给结构与经济结构不相适应，导致了高校毕业生就业难。

（三）就业区域选择偏好

我国地域广阔、人口分布不均，各地区经济发展不均衡，人才需求显现出一定的地区差异。经济欠发达地区特别是中西部，很难对大学生形成规模需求。尽管在国家实施西部大开发、中部崛起战略以来，这种情况有所好转，但是仍存在人才供求矛盾。

相反，大中城市作为经济和文化中心，有更多的人才需求和发展机会，对大学生产生了更强的吸引力。但由于就业竞争激烈，就业难度较大。

（四）高等教育的人才培养机制

高等教育是按照专业门类来培养学生适应职业需要的基本素质和能力的过程，通过公共基础课、专业基础课、专业课的教学活动和其他教育活动，使学生达到能够解决该专业一定问题的理论、技术和能力水平，从而形成适应某类或某种职业需要的专业特长。也就是说，大学生所受的专业教育直接制约着其职业的适应范围，进而在很大程度上影响就业。

（五）高校毕业生的就业能力

高校毕业生的就业能力是影响个人就业的根本因素，包括高校毕业生所拥有的专业知识、实践技能、就业态度、择业技巧等。毕业生如果基于职业发展和用人单位的需要积累就业能力，则更容易在就业市场中找到合适的位置。

（六）高校毕业生的就业观念

高校毕业生的就业观念是指大学生对未来职业的认知、评价和工作岗位的初步体验，从而形成的一种较为固定的看法和态度。

就业观念对大学生就业具有导向和动力作用，它支配着大学生对择业目标的期望定位和选择，支配着择业行为。正确的就业观念能够指导大学生对自己进行正确的评价、合理的定位，并做出理性的选择。反之，错误的就业观念将使毕业生对就业产生过高或过低的期望，影响准确定位和选择。

（七）就业信息的传播

目前毕业生就业市场日趋完善，各级政府、人才机构及高等学校初步建立了人才交流平台，但是人才需求预测机制尚需完善，社会对高校毕业生的需求信息存在着一定程度的“失真、失控、失责”问题，社会上的毕业生供需信息交流不足，渠道不通畅，信息不对称等问题仍然存在。

五大途径获取求职信息

三、大学生就业难的原因分析

高校毕业生的就业行为是一种社会行为，关系到大学生人生社会价值的实现、家庭教育投资的收益，也关系到高等教育的可持续发展、人力资源的投入分配，关系到社会发展的方方面面，吸引着政府、社会、学校、家庭、个人等多方的视线。当前大学生就业难的原因既有来自社会环境、学校教育的客观原因，又有来自大学生个体的主观原因。

（一）客观原因

1．总量失衡

全社会大学生总量的扩张与需求的相对不足既是大学生就业所面临的严峻形势，也是大学生就业难的首要原因。

我国高校进入大规模的扩招以后，高等教育已经由精英教育转向大众教育，高校毕业生人数的激增期与全国就业高峰期重叠，高校毕业生人数连年攀升，再加上往年未就业毕业生的存在等因素，使得高校毕业生供需矛盾更加突出，大学生就业也就由过去的“卖方市场”日益走向现在的“买方市场”。与此同时，由于我国正处于全国性的就业高峰期，留学回国人员、再就业人员、城乡富余劳动力等多路劳动大军同时汇入劳动力市场，必然使得劳动力供求总量严重失衡，高校毕业生的就业空间受到挤压，而巨大的就业岗位缺口将使我国的就业压力长期存在，这对未来几年的大学生就业来说，仍将具有相当大的影响。

2．产业结构不合理

产业结构不合理是造成大学生就业结构性矛盾突出的根本原因。从我国的产业结构看，过去 40 年里，我国的产业政策主要是发展劳动、资源为基础的传统产业，劳动密集型的低端制造业、资本密集型的重化工业发展迅速，而像先进制造业、现代服务业等能够大量吸纳高层次人才（即大学生）的知识密集型产业发育明显不足。今后在我国产业结构由劳动密集型向知识密集型、高端服务型转型的时期，社会对高层次人才的需求不会出现爆发式的增长，结构性矛盾仍然存在。

3．空间结构失衡

空间结构包括区域结构和城乡结构。

从区域发展情况看，我国的经济社会发展在区域层面存在严重的不平衡。东部发达地区对高校毕业生的就业需求比较大、生存环境比较好、经济回报也比较高，而广大的中西部欠发达地区虽然有较大的用人需求，但一方面是符合大学生需求的工作岗位不多，另一方面是工作环境和生活条件比较艰苦，经济回报相对较低。这样，东部发达地区就成为主要的人才输入地，而中西部欠发达地区就出现了“门前冷落鞍马稀”的景象。

从城乡发展情况看，目前我国劳动力市场从地域上可划分为城市劳动力市场和农村劳动力市场。城市劳动力市场的招工就业待遇比农村劳动力市场的招工就业待遇要好很多：不仅收入高、劳动条件好，而且机遇多、社会地位高。所以，大学生一般都选择城市，而鲜有问津农村劳动力市场。此外，社会保障政策的差别限制了大学生在城乡劳动力市场的自由流动。有的高校毕业生即便在经济发达城市找不到满意工作，也不愿去基层、去西部就业。

4．人才培养与市场需求脱节

有调查表明，我国近年来的人才市场供给需求情况是，有关技术岗位的劳动力呈现供不应求的局面，如机械加工为主的技术、技能型人才短缺，备受市场青睐；再如，国内银行业缺乏专业人才，如金融工程师、精算师等。虽然高校金融专业毕业生及留学生回国就业的人员较多，但主要集中在低端和高端两头，所以，我们经常会看到，一方面金融机构高薪招揽人才，许多职位虚位以待，而另一方面高校财经、金融类专业的许多毕业生还是就业无门，被金融机构拒之门外，反差巨大。

（二）主观原因

1．大学生择业期望值过高

择业期望值过高是一直困扰毕业生顺利就业的一个主要问题。不少学生在择业过程中存在自身价值定位和择业期望值过高的现象，把党政机关、事业单位、国有企业、外资企业等作为理想的择业目标，不屑于到基层、私营企业施展才干；强调自身价值而忽视社会需要，一味追求个人利益，重地位、重名誉，轻事业、轻奉献，缺少艰苦奋斗的精神和强烈的责任感；“这山望着那山高”，以致后来处于高不成、低不就的尴尬局面，错失就业机会。

案例精选

期望值过高致难就业

毕业生王某来自云南省的一个县城，直到毕业前还未落实工作单位。朋友去参加国家医药管理局的供需见面协调会，顺便将他的应聘材料带去。刚好有一家制药厂有意录用他，一方面专业对口，另一方面又是在家乡，然而他本人的择业意向却是单位地点必须在昆明市，至于到昆明的什么单位、具体做什么工作都无关紧要。除此以外，任何单位都不考虑。在这种心态下，他自然难以如愿。

王某的思想在当前毕业生的择业过程中具有一定的代表性。不少毕业生过于向往经济发达地区，尤其是沿海地区的中心城市，最低的期望也是回自己家乡所在的中心城市。他们只注重经济文化发达、工作环境优越的一面，却忽视了人才济济、相对过剩的一面，择业期望值居高不下，从而导致了主观愿望与现实需求之间的巨大反差。

（资料来源：https://www.docin.com/p-1997311074.html，有改动）

2．缺乏拓宽知识面的主观能动性

现在已经进入知识经济时代，在大学学到的知识已经远远不够用。有关调查显示，20 世纪 50 年代，大学生所学知识能用 30 年；到 20 世纪 90 年代，大学生所学知识能用 10 年；而 2003 年的统计显示，大学生所学知识只能用 3 年。因此，大学生要在掌握专业知识的同时，不断扩展知识面，如参加选修课学习、素质拓展训练等，也可以通过网络课程学习、技能培训、顶岗实习、社会实践等途径来扩充知识，提高能力。

3．就业观念陈旧

近几年来，大学生在就业方面的思想观念发生了很大变化，但还有一部分学生就业观念滞后、理想与现实错位、创业意识较差，择业观与现实性存在着矛盾，直接影响到就业。具体表现在：缺乏正确的自我认知，对社会生活的估计往往过于简单或片面；就业意向被家长望子成龙、望女成凤的想法所左右，缺乏主见；存在相当严重的职业歧视，眼高手低，不愿从事基层工作。如果就业观念不转变，大学生就业难的问题很难有根本的改善。

第二节　大学生就业政策

随着大学毕业生人数的不断增加，我国现阶段的就业形势非常严峻，未来的状况也不容乐观。针对这一长期的社会问题，国家颁布了一系列就业政策，旨在为广大毕业生提供更多的就业机会，缓解就业压力。

一、大学生就业政策的历史演变

自中华人民共和国成立以来，大学生就业政策大体上经历了三个不同的发展时期。

（一）计划经济体制下的高校毕业生就业政策

从中华人民共和国成立初期到20世纪80年代中期，在计划经济体制下，我国的高等教育是一种高度集中的计划管理模式，从招生到就业，无不打上了计划经济的烙印。学校按指令性计划招生，学生按照计划分配，用人单位就像一个“大箩筐”，有什么学生装什么学生。我们通常把这种计划经济体制下的高校毕业生就业政策称为“统包统分”模式，毕业生就业由国家负责，按照计划统一分配。其特点是“由国家包下来分配工作，负责到底”，执行的是“统筹安排、集中使用、保证重点、照顾一般”的政策方针。

高校毕业生由国家负责按计划分配的制度，是伴随着我国长期实行的计划经济体制而产生和完善的，这种分配制度与我国当时的计划经济体制相适应，体现了社会主义制度的优越性，在一定的历史时期发挥了重要的作用。在很长一段历史时期内，它保证了国家建设对人才的需要，在一定程度上缓解了我国地区之间人才需求不平衡的状况，有利于国家宏观调控人才流向，有利于社会安定。

（二）教育体制改革下的高校毕业生就业政策

改革开放以来，随着我国经济体制改革的不断深入和社会主义市场经济的发展及劳动人事制度的改革，“统包统分”的大学生就业分配制度越来越与新的经济运行机制不相协调，越来越不适应形势的发展，其弊端逐渐显露出来，该政策对于人才的合理配置、学生学习的积极性、学校办学的积极性以及用人单位择优选才都产生了不良的影响，亟待改革。

1985年5月27日，中共中央颁布的《中共中央关于教育体制改革的决定》（以下简称《决定》）是我国对高校毕业生就业政策改革的重要标志。而改革高校毕业生分配制度是《决定》的重大决策之一，它明确指出，对于国家招生计划内的学生，其“毕业分配，实行在国家计划指导下，由本人选报志愿、学校推荐、用人单位择优录用的制度”。这项决策为毕业生就业制度的改革奠定了基础：国家有关部门开始对传统的“统招统分”制度逐步改革，形成了以“供需见面”为主要形式，以“双向选择”为指导目标的就业政策。“双向选择”毕业生就业政策顺应了教育体制改革对毕业生就业制度的新要求，适用于计划经济向社会主义市场经济转轨的全过程，有人形象地称“双向选择”毕业生就业政策开创的是一种“自由恋爱”的新模式，以区别于计划经济体制下的“包办婚姻”模式。

“双向选择”毕业生就业政策实施的结果，对广大高校大学生和用人单位而言实际上是一种“双赢”。它实现了人才资源的合理配置，适应了经济发展的需要，促进了我国的经济发展；扩大了用人单位选才的自主权，有利于用人单位择优选才，促进了用人单位尊重知识、珍惜人才风尚的形成；扩大了高等学校的办学自主权，促进了学校的教学改革，增强了学校适应社会需要的主动性和积极性；扩大了高校毕业生择业的自主权，有利于学生发挥自身的素质优势；转变了在校大学生的思想观念，提高了他们学习的积极性和竞争意识；打破了过去在单一计划分配体制下，高校毕业生那种“包上大学，包当干部”的思想，使在校大学生有了危机感，学生感到没有真才实学就会找不到工作单位，这从根本上为端正高校的校风和学风起到了推动作用；保证了企事业单位的人才需要，增大了毕业生到基层的比例，充实了基层科研、教学、生产的第一线的人才需要。

（三）社会主义市场经济改革进一步深化下的高校毕业生就业政策

以“双向选择”为主要特征的毕业生就业政策只是过渡性的就业政策，随着改革开放的深入以及社会主义市场经济体制的建立和完善，建立以“自主择业”为主要特征的毕业生就业制度已经势在必行。

1993 年 2 月 13 日，由中共中央、国务院颁布的《中国教育改革和发展纲要》（以下简称《纲要》）是“自主择业”就业模式的政策依据，它明确指出：在 20 世纪 90 年代，随着经济体制、政治体制和科技体制改革的深化，教育体制改革要采取综合配套、分步推进的方针，加快步伐，改革包得过多、统得过死的体制，初步建立起与社会主义市场经济体制、政治体制和科技体制改革相适应的教育新体制。

以《纲要》为政策依据而确定的毕业生就业政策的改革目标是：改革高校毕业生“统包统分”和“包当干部”的就业政策，实行少数毕业生由国家安排就业，多数由学生“自主择业”的就业政策。即除少数享受国家奖学金、专项奖学金、单位奖学金的学生，实行在一定范围内就业外，大部分学生在国家方针、政策指导下通过毕业生就业市场“自主择业”。在这种就业体制下，大部分毕业生将按照个人的能力、条件到市场参与竞争，而不再依靠行政手段由国家保证就业；用人单位也只能用工作条件及优惠待遇吸引毕业生，不能等待国家用行政命令给予保证；而高校作为就业工作的中介，主要为毕业生“自主择业”提供服务。

二、现阶段我国大学生就业的基本政策

就业政策是指国家和各级地方政府及学校为促进毕业生就业而制定的一系列政策、方针、规定的总和。就业政策具有导向作用，它可以引导大学生走上正确的择业道路，少走弯路，提高就业成功率。

党的二十大明确指出，人才是第一资源，实施就业优先战略，强化就业优先政策，健全就业促进机制，促进高质量充分就业。高校毕业生是国家宝贵的人才资源，是促进就业的重要群体。为深入学习贯彻党的二十大精神，全面落实党中央、国务院对高校毕业生就业创业工作的决策部署，教育部决定实施“2023 届全国普通高校毕业生就业创业促进行动”，各地各高校要切实增强责任感使命感，紧密结合实际，创新思路举措，千方百计促进高校毕业生多渠道就业创业，奋力开创高校毕业生就业创业工作新局面。

2022 年 11 月 14 日，教育部向各省、自治区、直辖市教育厅（教委），新疆生产建设兵团教育局，有关省、自治区人力资源和社会保障厅，部属各高等学校、部省合建各高等学校发布了《关于做好 2023 届全国普通高校毕业生就业创业工作的通知》，具体内容如下。

（一）更大力度开拓市场化社会化就业渠道

（1）深入开展市场化岗位开拓行动。各地各高校要深入开展全国高校书记校长访企拓岗促就业专项行动，二级院系领导班子成员也要积极参与。鼓励高校与对接企业和用人单位开展集中走访，深化多领域校企合作。教育部在全国范围内组织开展“校园招聘月”“就业促进周”等岗位开拓和供需对接系列活动。充分发挥全国普通高校毕业生就业创业指导委员会和行业协会作用，完善“分行业就指委+分行业协会”促就业工作机制。

（2）实施“万企进校园计划”。各地各高校要充分发挥校园招聘主渠道作用，积极举办线下校园招聘活动，确保校园招聘活动有序开展。高校要创造条件主动邀请用人单位进校招聘，支持院系开展小而精、专而优的小型专场招聘活动。

（3）全面推广使用国家大学生就业服务平台。教育部将进一步优化升级国家大学生就业服务平台功能和服务，不断提升平台专业化、智能化、便利化水平。各省级大学生就业网站、各高校就业网站要于 2022 年 12 月底之前，全部与国家大学生就业服务平台互联互通，实现岗位信息共享。鼓励地方和高校依托平台联合举办区域性、行业性专场招聘活动。各地各高校要指导 2023 届毕业生、毕业班辅导员、就业工作人员及时注册使用平台，确保有需要的毕业生都能及时获得就业信息。

（4）充分发挥中小企业吸纳就业作用。开展民营企业招聘高校毕业生专项行动，精

准汇集推送岗位需求信息。会同有关部门举办“全国中小企业人才供需对接大会”“民企高校携手促就业”“全国中小企业网上百日招聘高校毕业生”“全国民营企业招聘月”等活动，为中小企业招聘高校毕业生搭建平台。各地教育部门要配合本地相关部门落实对中小微企业吸纳高校毕业生的优惠政策，支持开发创造更多适合高校毕业生的就业岗位。各高校要加强与中小企业的供需对接，为中小企业进校招聘提供便利，引导更多高校毕业生到中小企业就业。

（5）支持自主创业和灵活就业。各地各高校要积极鼓励和支持高校毕业生自主创业，在资金、场地等方面向毕业生创业者倾斜，为高校毕业生创新创业孵化、成果转化等提供服务。推动中国国际“互联网+”大学生创新创业大赛等大学生创业项目转化落地。各地教育部门要配合有关部门落实灵活就业社会保障政策，为毕业生从事新形态就业提供支持，推动灵活就业规范化发展，切实维护高校毕业生合法权益。

（二）充分发挥政策性岗位吸纳作用

（1）优化政策性岗位招录安排。各地教育部门要配合有关部门统筹好政策性岗位招录时间安排，尽早安排高校升学考试、公务员和事业单位、国企等政策性岗位招考及各类职业资格考试。充分发挥政策性岗位稳就业作用，稳定并适度扩大招录高校毕业生规模。发挥国有企业示范作用，办好第四季“国聘行动”。

（2）积极拓宽基层就业空间。各地教育部门要积极配合有关部门挖掘基层医疗卫生、养老服务、社会工作、司法辅助、科研助理等就业机会，组织实施好“特岗计划”“三支一扶”“西部计划”等基层就业项目，拓展“城乡社区专项计划”，鼓励扩大地方基层项目规模，引导更多毕业生到中西部地区、东北地区、艰苦边远地区和基层一线就业创业。健全支持激励体系，落实好学费补偿贷款代偿、考研加分等优惠政策。

（3）积极配合做好大学生征兵工作。各地各高校要密切军地协同，加大征兵宣传进校园工作力度，畅通入伍绿色通道，配合兵役机关做好兵员预征预储、高校毕业生征集等工作。各地教育部门要研究制定细化方案和实施办法，落实好退役普通高职（专科）士兵免试参加普通专升本招生、退役大学生士兵专项硕士研究生招生计划等优惠政策。

（三）建设高质量就业指导服务体系

（1）全面加强就业指导。高校要健全完善分阶段、全覆盖的大学生生涯规划与就业指导体系，确保有需要的学生都能获得有效的就业指导。要进一步完善就业创业指导课程标准，打造一批就业指导名师、优秀就业指导课程和教材。充分利用“互联网+就业指导”

公益直播课等各类资源，提升就业创业指导课程质量和实效。要通过校企供需对接、职业规划竞赛、简历撰写指导、面试求职培训、一对一咨询等多种形式，为学生提供个性化就业指导和服务。要打造校内外互补、专兼结合的就业指导教师队伍，鼓励用人单位、行业组织更多参与高校生涯教育和就业指导。

（2）深入推进就业育人。各地各高校要把就业教育和就业引导作为“三全育人”的重要内容，深入开展就业育人主题教育，引导高校毕业生保持平实之心，客观看待个人条件和社会需求，从实际出发选择职业和工作岗位。开展就业育人优秀案例创建活动，选树一批就业典型人物，积极引导高校毕业生到祖国需要的地方建功立业。

（3）切实维护毕业生就业权益。各地各高校要积极营造平等就业环境，在各类校园招聘活动中，不得设置违反国家规定的有关歧视性条款和限制性条件。配合有关部门畅通投诉举报渠道，对于存在就业歧视、招聘欺诈、“培训贷”等问题的用人单位，要纳入招聘“黑名单”并及时向高校毕业生发布警示提醒。加强就业安全教育，督促用人单位与高校毕业生签订劳动（聘用）合同或就业协议书，帮助和支持毕业生防范求职风险，维护就业权益。积极配合有关部门推进毕业生就业体检结果互认。

（四）精准开展重点群体就业帮扶

（1）健全就业帮扶机制。各地各高校要重点关注脱贫家庭、低保家庭、零就业家庭、残疾等困难高校毕业生，建立帮扶工作台账，按照“一人一档”“一人一策”精准开展就业帮扶工作。健全“一对一”帮扶责任制，高校和院系领导班子成员、就业指导教师、班主任、专任教师、辅导员等要与困难学生开展结对帮扶，确保每一个困难学生都得到有效帮助。做好离校未就业毕业生不断线服务。

（2）深入实施宏志助航计划。继续组织实施“中央专项彩票公益金宏志助航计划——全国高校毕业生就业能力培训项目”，开展线上线下就业能力培训，提升毕业生就业竞争力。各地各高校和各培训基地要精心组织实施，配备优秀师资，优化培训内容，提升培训质量。鼓励各地各高校配套设立省级、校级项目，推动“宏志助航计划”覆盖更多毕业生。各地要强化培训基地管理，宣传推广优秀典型经验。

（五）简化优化求职就业手续

（1）稳妥有序推进取消就业报到证。《国务院办公厅关于进一步做好高校毕业生等青年就业创业工作的通知》（国办发〔2022〕13号）明确，从2023年起，不再发放《全国普通高等学校本专科毕业生就业报到证》和《全国毕业研究生就业报到证》（以下统称就业报到证），取消就业报到证补办、改派手续，不再将就业报到证作为办理高校毕业生招聘录用、落户、档案接收转递等手续的必需材料。各地要制定落实取消报到证的工作方案。各省级教育部门和高校要加强与组织、公安、人力资源社会保障等部门的工作协同，做好相关工作的衔接，向用人单位和毕业生开展解读宣传，耐心细致做好指导咨询，帮助毕业生顺利完成就业报到、落户和档案转递。

（2）建立毕业去向登记制度。根据国务院办公厅有关文件要求，从2023年起，教育部门建立高校毕业生毕业去向登记制度，作为高校为毕业生办理离校手续的必要环节。全面推广使用全国高校毕业生毕业去向登记系统。各地各高校要统筹部署、精心安排，指导本地本高校毕业生（含结业生）按规定及时完成毕业去向登记。实行定向招生就业办法的高校毕业生，各省级教育部门和高校要指导其严格按照定向协议就业并登记去向信息。教育部有关单位根据有关部门需要和毕业生本人授权，统一提供毕业生离校时相应去向登记信息查询核验服务。

（3）强化就业统计监测工作。各地各高校要严格落实就业统计监测工作“四不准”“三严禁”要求，严格执行毕业生就业统计监测工作违规处理办法，对违反规定的高校和相关人员，严肃查处通报，纳入负面清单管理。严格落实就业统计监测规范要求，严格审核学生就业信息及相关佐证材料。组织开展就业统计监测专门培训，强化高校毕业生就业数据的报送、统计和分析工作。持续开展毕业生就业状况布点监测，丰富完善布点监测内容。

（六）完善就业与招生培养联动机制

（1）健全完善就业反馈机制。各地各高校要建立完善就业与招生、培养联动的有效机制，把高校毕业生就业状况作为高等教育结构调整的重要内容。引导高校重点布局社会需求强、就业前景广、人才缺口大的学科专业，及时淘汰或更新升级已经不适应社会需要的学科专业。教育部将把高校毕业生就业状况作为“双一流”建设成效评价、学科专业设置和评估、招生计划安排等工作的重要依据。实行高校毕业生就业去向落实率红黄牌提示制度。深入开展高校毕业生就业状况跟踪调查，调查结果作为衡量高校人才培养质量的重要参考。

（2）深化就业工作评价改革。探索实施高校毕业生就业工作合格评价，建立部、省两级就业工作合格评价机制，促进高校就业工作制度化、规范化。加强全国就业工作优秀经验宣传推广，推动高校毕业生就业工作能力和服务水平不断提升。

（七）加强组织领导

（1）压紧压实工作责任。各地各高校要把高校毕业生就业摆在突出重要的位置，落实就业“一把手”工程，建立健全主要领导亲自部署、分管领导靠前指挥、院系领导落实责任、各部门协同推进、全员参与的协调机制，将就业工作纳入领导班子考核重要内容。建立完善就业风险防范化解机制，确保安全稳定。各省级教育行政部门适时牵头成立高校毕业生就业工作专班，制定工作方案，明确任务清单，全力推进各项工作任务。教育部将省级人民政府及相关职能部门制定促进毕业生就业政策及其实施情况，纳入省级人民政府履行教育职责评价重要内容。

（2）加强就业工作机构和队伍建设。各地教育部门、各高校要积极创造条件认真落实高校毕业生就业机构、人员、场地、经费“四到位”要求，根据本地实际情况，明确提出各项指标要求，并报教育部备案。各高校要配齐配强就业指导人员，鼓励就业指导人员按要求参加相关职称评审。组织开展毕业班辅导员、就业工作人员全员培训，加大资源供给和培训保障力度。

（3）做好就业总结宣传工作。大力宣传就业工作典型高校、用人单位和先进人物。持续开展全国普通高校毕业生就业创业工作典型案例总结宣传，推出一批具有推广价值的优秀案例。各地各高校要多渠道、全方位宣传国家就业创业政策，营造全社会关心支持毕业生就业的良好氛围。

拓展阅读

2018 年部分省市的大学生就业优惠政策

江西：为困难高校毕业生发放求职补贴。一次性求职补贴标准为每人 1 000 元，发放时间为 2018 年 6 月底。

大连：在大连高校 2018 年度应届毕业有求职创业意愿且积极求职创业的低保家庭、贫困残疾人家庭、建档立卡贫困家庭中的高校毕业生，以及特困、残疾及获得国家助学贷款的高校毕业生，可申请每人 1 000 元的一次性高校毕业生求职创业补贴。

成都：2017 年实行“蓉漂”计划，推行“先落户后就业”。按照这一政策，具有全日制大学本科及以上学历的青年人才，以及在同一用人单位工作两年及以上的技能人才，均可申请办理落户手续。成都还为“蓉漂”安居问题提出了人才公寓、产业新城配套租赁住房和用人单位自建倒班房等多种方式和途径的解决方案。为方便外地来蓉应聘的应届毕业生，该市还设置了 20 余个 7 天以内免费入住的青年人才驿站。

长沙：对到当地工作的博士、硕士、本科等全日制高校毕业生，两年内分别发放每年 1.5 万元、1 万元、0.6 万元租房和生活补贴；博士、硕士毕业生在长沙工作并首次购房的，分别给予 6 万元、3 万元购房补贴。

郑州：推出“智汇郑州”人才新政。按照相关政策，2017 年 1 月 1 日后毕业、在郑州市域内落户、缴纳社会保险满 3 个月并符合“智汇郑州”人才政策规定条件的青年人才，均可申请生活补贴。其中，新引进落户的博士、35 岁以下的硕士研究生、本科毕业生和技工院校预备技师（技师），3 年内按每人每月 1 500 元、1 000 元、500 元的标准发放生活补贴；落户后暂未就业或创业的，按上述标准发放 6 个月的生活补贴。

南京：为外地高校毕业生提供面试补贴。按照规定，符合相应条件的外地来宁高校毕业生，可申请一次性面试补贴，标准为每人 1 000 元。

武汉：2017 年，武汉市正式公布了涵盖安居落户、促进就业、支持创业、高效服务等领域的 9 项政策措施，支持大学生留汉创业就业，确保实现“5 年留住 100 万大学生”目标。

（资料来源：http://baijiahao.baidu.com/s?id=1601225420719050880&wfr=spider&for=pc，有改动）

三、大学生就业的特殊政策

（一）定向毕业生的就业政策

定向生在招生时就已经确定了就业动向。因此，原则上，定向毕业生时要到当年国家计划规定的定向地区或单位工作。

定向生如遇家迁、升学、留校、参军或原定向单位破产等特殊情况时，可申请办理定向改派。改派时需要出具下列相关材料：个人的改派申请；关于上述某种情况的证明材料（户口迁移证明、录取通知书、破产证明等）；原定向地区（单位）的主管部门出具的退函；所到地区（单位）主管毕业生就业部门的意见；与新的接收单位签署的就业协议。将上述材料汇总后报给学校就业指导中心，经学校初审后，报送省高校毕业生就业指导中心审查批准，才允许改变就业动向。

定向毕业生因家迁需改变就业去向的，须向学校和省高校毕业生就业指导中心提供原家庭居住地和现家庭居住地户籍管理部门迁出和迁入的证明材料，并提供现家庭居住地居民户口簿。学校和省高校毕业生就业指导中心依据以上材料，根据就业政策和审批程序办理相关凭证。

（二）应届毕业生报考国家公务员的政策

国家行政机关、其他国家机关和参照国家公务员制度管理的事业单位从高等学校应届毕业生中录用国家公务员（工作人员），一律实行考试考核、择优录用的办法。被录用为公务员的毕业生与组织、人事部门签订就业协议书，学校就业指导中心凭就业协议书将其纳入就业方案，并予以办理就业派遣手续。

（三）应届毕业生报考研究生的政策

参加考研的毕业生在与用人单位签订就业协议前，原则上应向用人单位报告本人已参加或准备参加研究生考试，在征得用人单位同意后，可以在就业协议上注明“如果毕业生考取研究生，本协议无效”。如果用人单位不同意此项，那么毕业生原则上不应签署此协议。如果已经考取研究生的毕业生在当初签协议时有意隐瞒考研情况，而本人又要求读研的，则按违约处理。毕业生离校前，需要出具原签约单位同意读研的退函。

（四）应届毕业生自费出国留学的政策

随着改革开放的深入，部分学生将获得机会到国外深造或到境外企业去工作。符合国家规定申请自费留学的毕业生，不参加就业，也不再缴纳教育培养费。凭国外大学录取通知书，在学校规定时间内提出申请，经教务处和就业指导中心审核同意后，不列入就业计划。集中派遣时未获批准出境的，学校可将其档案、户籍关系转至生源地，毕业生继续办理出国手续或自谋职业。

（五）患病毕业生和残疾人毕业生的政策

毕业生离校前应进行健康检查，因病不能工作的，应回家休养。一年以内、半年以上治愈的（须经学校指定医院证明能坚持正常工作的），可随下一届毕业生就业；半年内治愈的，可到原就业单位就业；一年后仍未治愈或无用人单位接收的，户籍关系转至生源地，按社会待业人员办理。

毕业生报到后，接收单位应组织复查。单位在三个月内若发现毕业生因健康问题不能坚持正常工作，经县级以上医院检查确属在校期间的旧病复发，报主管部门批准，可将毕业生退回学校，按照有关规定处理；若属新生疾病，按在职人员病假期间的有关规定处理，不得把上岗后发生疾病的毕业生退回学校。对患有精神病（需县级以上医院证明）的毕业生，见习期内复发的，用人单位可将其退回学校，由学校退回家庭所在地。

学校录取的残疾考生，毕业后应按其所学专业，由学校帮助推荐就业，确有困难的，按有关规定由生源所在地民政部门负责安置。

（六）第二学士学位毕业生的就业政策

国家规定，在校攻读第二学士学位，修业期满，获得第二学士学位后，原则上按第二学士学位推荐就业。这和普通高校招收的本科生的就业基本一致，即一是服从国家需要，二是坚持学以致用。在职人员攻读第二学士学位，修业期满，不论是否获得第二学士学位，均回原单位安排工作。已获得第二学士学位的毕业生工作后的起点工资与研究生班毕业生工资待遇相同；未获得第二学士学位者，仍按本科生对待。

（七）委托培养、联合办学毕业生的就业政策

委培生是指用人单位（或地区）委托高校培养的学生。委培生要按委托协议派遣，确因委培单位关、停、并、转不能接收的，应由委培单位主管部门出具证明，经市毕业生就业主管部门审核同意，就地就近安排就业，跨市安排就业的要报省毕业生就业主管部门审批。

学校与地方联合办学培养的毕业生，原则上回联办地区就业，如因特殊情况确需改变就业去向的，须由联办地区毕业生就业主管部门同意，报省毕业生就业主管部门审核批准后，方可改变就业去向。

（八）毕业生二次择业政策

毕业生二次择业是指截止到毕业生集中派遣时，仍未落实接收单位的毕业生，要派回生源省、市、区参加二次就业，原则上由省、市、区推荐就业，毕业生也可继续选择单位。在规定时间内落实工作的，毕业生就业主管部门可以为其办理二次派遣手续。

拓展阅读

毕业生就业的相关流程

毕业生首先应了解有关的就业政策，搜集和处理就业信息，准备求职材料（包括简历、求职信及能够证明自己学历和能力的各类材料）；然后有针对性地参加招聘会并投递简历，参加笔试和面试，若被用人单位录用，则可以与之签订就业协议书。

毕业生通常按以下就业流程办理相关手续。

（1）毕业生领取学校就业办公室发放的《毕业生登记表》《毕业生就业推荐表》《毕业生就业协议书》，在《毕业生登记表》和《毕业生就业推荐表》上填写相关信息，交到各院系就业办公室。

（2）毕业生落实就业单位后，与用人单位签订就业协议书，双方签字、盖章。

（3）毕业生持就业协议书到学校就业创业工作处审核、盖章，将其中一份交给学校就业创业工作处，一份交给用人单位，一份自己保留。

（4）在学生毕业之前，毕业生需要办理离校手续，到学校就业创业工作处领取户口迁移证、毕业证等材料。

（5）毕业生到学校就业创业工作处领取档案，或者由学校将档案邮寄至用人单位人事处或学生户籍地人才市场档案管理中心。

（6）毕业生到户籍所在地派出所办理户口迁移手续。

（7）毕业生在用人单位规定的时间内到用人单位报到。

（资料来源：http://www.docin.com/p-1155804061.html，有改动）

砥节砺行

党和政府将就业问题作为重大民生工作任务，积极创造条件确保高校毕业生就业，我们可以深切感受到党和国家对大学生在政治上的关心、生活上的关怀，大学生是政策的受益者，也应自觉成为党和国家方针政策的拥护者和宣传者。

实践拓展

1．以在某地区某单位就业为例，分析、总结应该了解的国家和地方就业政策，并说明这些政策在就业过程中所起的作用。

2．谈谈你对国家“鼓励高校毕业生到城乡基层就业”的看法。

第六章

求职策略与方法

知识与能力目标：

- 掌握简历的不同形式、基本要素及其撰写方法
- 掌握求职信的格式要求、就业推荐信及各种证书
- 掌握笔试前的准备及笔试的方法与技巧
- 熟悉面试前的准备及面试中需要注意的问题

素质目标：

- 培养理性平和、乐观向上的就业心理，形成优良的心理素质与健全的人格
- 通过制作、修改个人简历，不断激发探索自己的积极性，培养正确的职业观

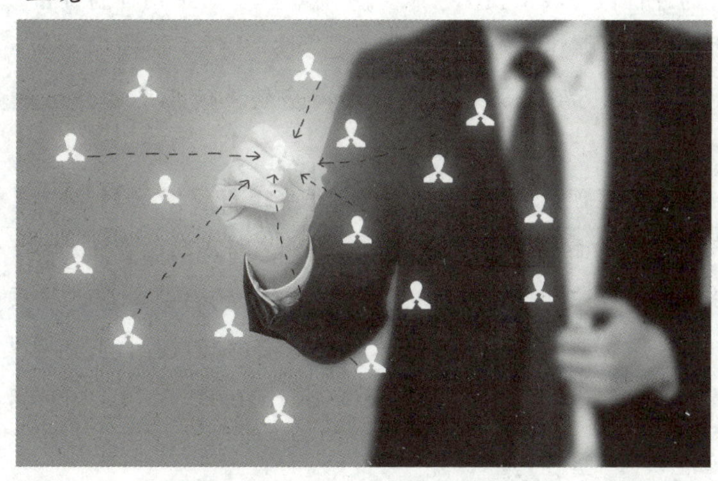

引导案例——创意，让你脱颖而出

刚从某高校新闻专业毕业的郑某，通过自己“明码实价”的简历，拿到了某知名房地产公司的录用通知。她在简历中对自己的能力及不足进行“明码标价”，简历就像一个“价目表”。她笑着说：“这一招助我一路拼杀，找到了现在这份令我非常满意的工作！”

求职简历变报价单

基本价值：1 800 元——作为一名国家直属重点大学的毕业生，耗费了父母大量的金钱和感情，需要足够的物质支持来回报家人和满足个人生活，并用于支付工作技能进一步的发展。

技能价值：-300 元——作为一个新闻学专业的学生，缺乏“一技之长”，所能干的工作不具有不可替代性，但在进入某单位经过一段时间的磨练后，我可以有所发挥。为了感激贵单位给予这个“进门”的机会，认为应该减去300元的月薪。

性格价值：300 元——开朗、活泼、幽默的性格，能最大限度地使一个团队士气高昂，在愉快的氛围中保持工作的高效。

经验价值：-500 元——经验欠缺，没有独立地完成过一次完整的学术研究，也没有组织过大型的社会活动，但作为一个具有扎实的专业知识和较高的综合素质的社会新人，能很快完成从学生到职员的过渡。

……

和其他毕业生的简历相比，郑某的简历更像一份报价单。她对自己的各项素质进行了具体而客观的评价，一共有 10 余项，分别给出了或正或负的价值数额。最后，她给自己评定的市场价值是 4 000 元。

郑某高兴地说：“因为形式新颖，我投去简历的单位几乎都会让去我面试。”

制胜仍需真才实学

郑某所在部门的万经理说：“小郑的简历给我们留下了良好的第一印象。”但万经理表示，她在后来的笔试及面试中表现出色，才是她应聘成功的真正原因。

据了解，现在毕业生简历花样繁多。但是，良好的自身素质、过硬的专业技能才是应聘成功的制胜法宝，想靠花哨的简历求职，只会弄巧成拙，得不偿失。

（资料来源：https://wenku.baidu.com/view/9b47ff2b783e0912a2162ab8.html，有改动）

毕业生就业一般都要经过自荐、笔试、面试几个阶段。就业材料在很大程度上决定毕业生能否获得面试的机会，同时毕业生的书面资料也是用人单位了解毕业生的窗口，通过这个窗口，用人单位可以了解毕业生的经历、能力、品性、特长，进而确定进一步的考核计划。所以说，能够撰写有说服力和吸引力的书面材料是赢得主动、踏向求职成功之路的第一步。毕业生求职过程中，笔试成绩是毕业生个人能否脱颖而出的实证，而面试的成败则决定着毕业生能否参加复试、试用和签约录用。

第一节 就业材料的准备

每个毕业生需要准备的就业求职材料并没有统一的要求或标准，不同的招聘场合和用人单位对此的要求也不尽相同。一般来说，一份自荐书面材料至少包括个人简历、求职信、就业推荐表及辅助材料。其中，个人简历主要说明自己过去的经历，求职信主要表明自己的态度，就业推荐表体现了学校对自己的认可，辅助材料强调自己所取得的成绩和个人能力。

一、个人简历

个人简历是一个人生活、学习、工作、经历、成绩的概括集锦，其真正目的就是让用人单位全面了解自己，从而为自己创造面试的机会。从个人简历中，可以看出求职者在能力、性格、经验方面的综合表现。通常情况下，用人单位都是先通过简历对求职者进行初步了解，以确定求职者能否参加面试。

个人简历是求职者对招聘者的第一次自我展示，求职者应当通过简历达到以下几个目的：第一，建立求职者与招聘者的初次有效联系；第二，告诉招聘者你符合所应聘岗位的条件；第三，尽可能给招聘者留下深刻的良好印象；第四，获得招聘者的初步认同，获取进一步考查的机会。

（一）简历的形式

简历从形式上来区分，包括完全表格式简历、半文章式简历、小册子式简历、提要式简历、按年月顺序式简历、功能式简历及创造式简历。当然，这些形式互相之间可交叉重叠。如完全表格式的简历可以是按年月顺序式的，也可以是功能式的。

1. 完全表格式简历

完全表格式简历综合了多种资料，易于阅读，通常适用于缺乏工作经历但具有各种诸如所学课程、课外活动、业余爱好和临时工作等资格的求职者。资历低浅的求职者必须表现出各种不同的资历，因为他们不深的资历很少需要分析和说明。

2. 半文章式简历

半文章式简历使用较少的表格设计，而多使用文字的形式记载，表格的数量和文字记载的长度可予以变化，以适应自己的需要。

3. 小册子式简历

小册子式简历是一种多页的、半文章式的活页格式简历。这种简历可以有 4 页、8 页，甚至 20 页。小册子式简历可表述两页或更多资料，但需要很多专门的技能去撰写和设计。

4. 提要式简历

提要式简历又称节略式简历，是一种详细简历的摘要，它是在完成了一份较长、较详细的简历后摘编而成的。经历丰富的求职者会先写一份完整的简历来概括其资历，然后再从中摘出资历的要点。提要式简历在一般性接触时使用，而详细的简历只有在招聘者要求时才提交出去。

5. 按年月顺序（时间顺序）式简历

有些简历是按时间顺序排列资料的。时间顺序通常是与中国人的习惯倒过来的，即从最近的时间开始往前推。例如，在“工作经历”一栏里，应从最近的工作开始，然后是这份工作的前面一个工作，依次往前推。按年月顺序式的简历可以是完全表格式的简历，也可以是半文章式的简历，还可以是创造式的简历。这种简历深受招聘者的喜欢，但这种顺序也并不一定对求职者有利，尤其是其最近从事的工作给人的印象不好时。

6. 功能式简历

有些简历只强调工作的种类，即功能，而不含有任何特别的时间顺序。功能式简历的主要优点是突出实际的成就，缺点是招聘者不得不自己推算出时间顺序。因此，当时间顺序对求职者不利时，可使用功能式简历。

7. 创造式简历

艺术界、广告界、传媒界和其他一些创意要求较高的领域的求职者在准备简历时，往往会打破标准的简历形式。创造式简历对于这一类的求职者来说是非常有利的，它证明了求职者富有创意并提供了一个创意丰富的例子。创造式简历必须运用想象力，向招聘者提供他们所需要的内容。它只适用于创意要求较高的行业，一般要避免在银行业、商业、交通运输业和制造业等行业使用这种简历。

（二）简历的基本要素

简历的基本要素应包括以下几个方面：

（1）个人基本情况：主要包括姓名、出生年月、性别、民族、政治面貌、健康状况、家庭住址、生源地、联系方式（电话号码和电子邮箱地址）等。

（2）求职意向：包括求职的地域、行业、岗位等方面的意向。

（3）教育背景：包括毕业院校、所学专业、学历、学位、核心专业课程等。

（4）实践经历：指大学以来参加的校内外实践，如社团活动、志愿者工作、社会调查、社会实践、专业见习等。

（5）知识、技能：主要包括外语、计算机及专业知识和技能或资格证书。

如何让你的简历脱颖而出

（6）荣誉奖项：包括在校期间获得的各种荣誉和奖项。

（7）个人特长及自我评价：如学习能力、沟通能力、解决问题的能力、适应能力、创新能力、团队合作精神等。

拓展阅读

简历模板

个人简历

照片栏

（1）个人概况：

姓　　名：＿＿＿＿　性　　别：＿＿＿＿　籍　　贯：＿＿＿＿

出生日期：＿＿＿＿　民　　族：＿＿＿＿　现所在地：＿＿＿＿

婚姻状况：＿＿＿＿　健康状况：＿＿＿＿　政治面貌：＿＿＿＿

毕业院校：＿＿＿＿　专　　业：＿＿＿＿　最高学历：＿＿＿＿

电子邮件：＿＿＿＿　联系电话：＿＿＿＿　邮　　编：＿＿＿＿

通信地址：＿＿＿＿＿＿＿＿

求职意向：＿＿＿＿＿＿＿＿

（2）教育经历：

＿＿＿＿＿＿＿＿（请依个人情况酌情增减）

（3）主修课程：

＿＿＿＿＿＿＿＿（注：如需要详细成绩单，请联系我）

（4）论文情况：

＿＿＿＿＿＿＿＿（注：请注明是否已发表）

（5）英语水平：

基本技能：听、说、读、写能力

标准测试：国家四、六级；TOEFL；GRE……

（6）计算机水平：

编程、操作应用系统、网络、数据库……（请依个人情况酌情增减）

（7）获奖情况：

______________________________（请依个人情况酌情增减）

（8）实践与实习：

______________________________（请依个人情况酌情增减）

（9）工作经历：

______________________________（请依个人情况酌情增减）

（10）个性特点：

______________________（请描述出自己的个性、工作态度、自我评价等）

（11）另：（如果你还有什么要写上去的，请填写在这里）

____

____

（12）附言：（例如，相信您的信任与我的实力将为我们带来共同的成功，希望我能为贵公司贡献自己的力量！）

____

____

（三）简历的撰写

简历一方面要真实地反映出过去的学习、生活经历和成绩，并说明求职者择业的希望；另一方面要对用人单位考量人才的关键点做出机敏的反应。

1. 撰写简历应注意的事项

（1）简短。简历不要太长，一般应届毕业生的个人简历有一页 A4 纸即可。简历中不要出现大段文字。据调查，用人单位花在每份简历上的平均时间不到 90 秒，要想在这短短的 90 秒内迅速抓住招聘者的眼球，简历不做到短小精悍是不行的。

（2）清晰。简历应一目了然，确保简历的阅读者一眼就能看到他们需要的信息；要使用简单、清晰易懂的语言，而不要写一些高深莫测的语言；尽量不使用缩略语或学生中流行的时髦词汇；打印时应选择合适的字体和字号。

（3）用词准确。从简历中能看出一个人的语言文字功底和修养，而招聘人员考查应聘者的文字能力、细心程度等就是从简历开始的。表达清楚、准确、规范、精练，是简历语言的基本要求。

（4）整洁。整洁的简历使阅读者在看到内容之前就已产生好感，这样才能使之产生阅读的兴趣。因此，打印简历时最好用激光打印机打印，而不要使用效果不佳的油印或复印，此外，应该注意保持简历的干净整洁。

（5）真实。撰写简历时既不能夸张（自负），也不能消极地评价自己（过分谦虚），更不能编造。简历一定要用心设计，内容要真实。有些简历一看就知道是抄袭他人的，有些甚至是明显的张冠李戴，这样的简历是无法给求职者争取到面试机会的。

（6）正确。文字、语法、标点符号等都要正确。简历是求职者的第一张脸，招聘者在大多数情况下是先见到简历后见求职者本人的。

2．简历撰写中常见的问题

（1）篇幅过长或过短。篇幅过长，显得内容冗长，表达不切题意，会让挑选简历的人失去耐心，从而失去面试的机会；篇幅过短，缺乏必要的信息，使挑选简历的人对求职者认识不够全面，也会失去面试的机会。

（2）条理不清。简历布局不合理，结构层次混乱，逻辑不清，会增加阅读与理解上的困难。

（3）目标不明。没有明确的求职方向，也没有标明自己的特长、兴趣爱好等。

（4）不切实际。对自己的评价明显不符合实际，或对薪酬待遇提出过高的要求。

（5）版面设计不科学。如版面拥挤、字体太小等。

（6）错别字及语法错误。在简历中出现错别字，有的甚至出现语法错误。

拓展阅读

如何让你的网上简历更“抢眼”

据统计，规模较大的企业一般每周要接收 500 至 1 000 份电子简历，其中 80%在管理者浏览不到 30 秒后就被删除了。要让别人在半分钟内通过一份电子邮件对你产生兴趣，其难度与跟用人单位直接见面相比更大，因此，是否拥有一份个性化的电子简历就显得极为关键。

1．放大你的“卖点”

简历中有几栏是用来给对方留下深刻印象的，也是决定对方是否给你面试机会的关键。如何写好这几部分的内容很重要，应从以下几个方面着手。

（1）成绩。以你的傲人成绩去打动未来的雇主，突出你的技能和成绩，强化支持标题。集中对能力进行细节描写，运用数字、百分比或时间等量化手段加以强化。强调动作，避免使用人称代词，如“我”“我们”等。

（2）能力。对各方面能力加以归纳和汇总，扬长避短，以你无可争议的工作能力和个人魅力征服未来的雇主。用词应简单明确，观点鲜明，引人入胜。

（3）工作经历。应当包括你所有的工作历史，无论是有偿的还是无偿的，全职的还是兼职的。在保证真实性的前提下，尽量扩充与丰富你的工作经历，但用词必须简练，不要只针对工作本身，业绩和成果更为重要。

（4）技能。列出所有与求职有关的技能，将有机会向雇主展现你的学历和工作经历以外的天赋与才华。回顾以往取得的成绩，对自己从中获得的体会与经验加以总结、归纳。你的选择标准只有一个，即能否给你的求职带来帮助。

（5）嘉奖。简历中的大部分内容是经历和成绩的主观记录，而荣誉和嘉奖将赋予它们实实在在的客观性，这是令雇主注意到你已获得肯定成绩的机会。强调此奖项是你资历的重要证明，突出此嘉奖与你所求职务的相关性。

2．扣人心弦的“开场白”

求职成功最基本的就是要对自己有一个客观全面的了解，然后再根据自身的情况准备好所需材料，一般包括求职信和简历。求职信是简历的“开场白”。这个开场白的功能是激发别人有兴趣阅读下文。为了使公司了解你申请的是哪个职位，并对你有更深的印象，发简历的时候，应连同求职信一并发出。发任何简历都应该写求职信，这是被许多求职者忽略的细节。

在准备求职信时还要注意控制篇幅，要让人事经理无须使用屏幕的滚动条就能读完；直接在邮件内编辑，排版要工整；要做到既体现个人特点又不过分吹嘘；让求职信成为应聘的敲门砖，长短适中，切中要害。

求职信和简历都应该用文本格式（txt）来写，这样虽然会限制一些文本修饰功能，如粗体、斜体等，但你可以用一些符号来突出重点；注意措辞和语言，求职信中千万不可有错别字；求职信和简历要一同发送，不要分开；求职信中有些关键词也是很重要的，有些公司会通过关键词搜索来寻找符合他们条件的人选；在你的电子邮件软件里创建并保存一个求职信样式，这样稍加修改就可以用它来申请其他职位。

3．别让简历成为“格式化”的牺牲品

模块化简历虽然简单易行，但并不能满足不同公司的不同需求，因此网上简历必须注意到一些特殊的需要。

（1）有的放矢。人力资源部门总是收到许多不合格的简历，也就是说不适合该公司职位的简历。因此，在发简历的时候，应该注明申请的是什么职位，并说明你能否胜任这个工作。

（2）不用附件。虽然以附件形式发送的简历看起来效果更好，但是由于病毒的威胁，越来越多的公司都要求求职者不要用附件发送简历，甚至有些公司把所有带附件的邮件全部删除。在这种情况下，尽管你的简历排版极为精心，却可能根本没有人看。

（3）美化“纯文本”。用电子邮件发出的简历在格式上应该简洁明了、重点突出，因为招聘者通常只看他们最感兴趣的部分。另外还有一个好办法就是把你制作精美的简历放到网上，再把网址告诉给招聘者即可。

精心设计一下纯文本格式的简历，以下有一些小技巧可供参考：

第一，注意设定页边距，使文本的宽度在 16 厘米左右，这样你的简历在多数情况下看起来都不会换行；

第二，尽量用相同字号下显示较大的字体；

第三，如果你一定要使自己的简历看起来与众不同，可以用一些特殊符号分隔简历内容。

4．最大限度地吸引眼球

网上求职时主要精力应该放在拥有人才数据库的招聘网站上，要把你的简历放到他们的数据库中。因为用人单位会来这些网站浏览或直接搜索符合其要求的。总的来说，应该让用人单位带着明确的目的来找你，这要胜过自己向大量公司毫无目的地发送个人简历。

在申请同一公司的不同职位时，最好能发两封不同的电子简历，因为有些求职网站的数据库软件能自动过滤掉第二封信件，以免造成冗余。另外，发送电子简历时要错过高峰期，上网高峰一般在中午至午夜，这段时间传递速度非常慢，而且还会出现错误信息，因此，要择机而动。

（资料来源：https://jianli.7139.com/1395/30/59922.html，有改动）

二、求职信

如何写好求职信

简单地说，求职信就是写给招聘单位的信。它总结和归纳了简历的内容，集介绍、自我推销和下一步行动建议于一身，并重点突出自身背景材料中与未来雇主最有关系的内容，以此来提高自己应聘的成功概率。一份好的求职信体现了求职者清晰的思路和良好的表达能力，招聘者通过求职信可以看出其沟通交际能力和性格特征，还可以看出其个人闪光点以及最适合所招聘岗位的原因。

求职信的重点在于“荐”，在构思上一定要围绕“为何荐”“凭何荐”“怎样荐”的思路安排，其书写格式与一般书信大致相同，即标题、称呼、正文、结尾和落款。

（一）标题

标题是求职信的标志和称谓，要求醒目、简洁、雅致。需用较大字体标注“求职信”三个字，显得大方、美观。

（二）称呼

这里的称呼是指对主送单位或收件人的称呼，往往要比一般书信的称呼正规一些，在实际书写时要区别对待。若写给国家机关或事业单位的人事部门负责人，可用“尊敬的××处长”称呼；若写给企业人力资源部，则用“尊敬的××经理”；若写给科研院所或高校人事部门，可用“尊敬的××教授（处长、老师）”。称呼要正规、准确，忌用“前辈、叔叔、师兄”等不正规的称呼。由于求职信往往是求职者和用人单位之间的首次接触，毕业生未必了解、熟悉用人单位的招聘人员，因此，在求职信中称呼“××领导”也是可以的。

（三）正文

这是求职信的核心部分，其形式多样、风格各异。要打动用人单位，就要对正文的措辞和行文风格进行反复揣摩和修改。正文部分应当包括以下几部分内容。

1. 简单的自我介绍

简单的自我介绍，即简要说明自己的身份。对于应届毕业生来说，在信件的开头用一两句话说明自己的学校、学历、专业等基本信息即可，简明扼要，一目了然。例如，“我是××大学管理学院电子商务专业2019届毕业生”。

2. 说明求职信息来源

为了师出有名，最好在求职信的开头说明求职信息的来源，这样既使行文比较流畅，同时也暗示用人单位的招聘广告是有反馈的。可用一句如“本人在2019年×月×日的《××报》上得知贵单位正在进行招聘活动，因此投信前来应聘”之类的话带过即可。

3. 说明应聘职位

在求职信的开头，应该说明所要应聘的职位，如“本人欲应聘网络维护一职”或“相信本人能胜任报社记者一职，故前来应聘”等。如果职位有编号，应当写上编号，以表示一丝不苟的态度和应聘的诚意，如“网络维护（013#）”等。

4. 说明能胜任该职位的理由

这是求职信的关键部分，主要是向对方表明你的专业知识和工作经验，所取得的与该职位有关的一些成绩和自己所掌握的相关技能，以及与该职位相符的性格、特长、兴趣爱好和其他情况。这段文字所要表达的中心意思就是——你是最适合该职位的人，并注意发掘自己满足未来工作要求的条件。

需要注意的是，说明能胜任该项工作的理由，并不是经验和成绩的简单堆砌，一定要突出适合这项工作的特长和个性，尽量避免写那些风马牛不相及的内容，更不能写那些与招聘条件“反其道而行之”的内容。例如，用人单位招聘的是“营销人员”，求职者却对自己的“内向、文静”大写特写，这样应聘自然就会失败。

5. 暗示发展前途及潜力

在求职信中要向招聘者表明你有培养价值、可塑造、有发展潜力。例如，学生干部可以重点表述在任职期间取得的突出成绩。

拓展阅读

求职信的禁忌

在撰写求职信时，一般应做到：摆正位置，态度真诚；整体美观，言简意赅；富于个性，有的放矢；以情动人，以诚感人。一般来说，求职信有6大禁忌，大学毕业生书写时一定要注意避免。

1. 忌长篇大论

用人单位不会花很长的时间来阅读求职信，篇幅太长会使招聘单位产生厌烦心理，甚至认为你的概括能力不强。因此，内容应以简洁为原则，尽量在一页纸内完成。

2. 忌堆砌辞藻

即使你满腹经纶，也不要幻想用华丽的辞藻来打动招聘者。华而不实的语言属于大话、空话、套话，并没有实际的作用。那种虽无豪言壮语，但读来亲切、自然、实实在在的求职信却能给用人单位留下深刻的印象。

3. 忌夸大其词

在措辞方面要留有余地，不要说得过于饱和。如“我能胜任各种工作”“我将会给贵单位带来新的生机”之类的表述，只能给用人单位留下你刚出校门，还很幼稚的印象。

4. 忌缺乏自信

适度的谦虚是一种美德，也会使对方产生好感，但过分的谦虚则是不自信的表现。在写求职信时忌用“虽然我资历不够”“虽然我不是名校的毕业生”等语句，因为用人单位关心的就是你是否符合招聘岗位的要求。

5. 忌千篇一律

书写求职信，要有自己的风格与特点，而不能千篇一律、落入俗套。立意新颖、语言独特的求职信才能给对方留下深刻的印象，引起招聘者的注意，并进而挑起招聘者的兴趣，使自己赢得面试的机会。因此，一定要把自己的强项写出来，将自己的“亮点”展示出来。

6．忌粗心大意

只有经过严格的修改和推敲后的求职信才能收到良好的效果，因此，要重复翻看求职信，以避免出现错别字和语法错误。

（资料来源：https://www.docin.com/p-1654190228.html，有改动）

（四）结尾

结尾一般包括两个方面的内容：一是盼回复，二是祝词。在一般的求职信中，表达希望对方答复或者获得面试机会所用的措辞几乎已成定式，如“我热切盼望着您的回复”或者“我希望能获得与您面谈的机会”。此外，正文后的问候祝颂虽然只有几个字，但也有着不可忽视的作用。如可用“顺祝安康”“祝贵公司兴旺发达”等词，也可用“此致敬礼”之类的通用词。

（五）落款

落款包括署名和日期。署名应与信首的“称呼”相呼应，如果在信首称对方为“××老师”，则署名应为“学生×××”，当然也可以直接签上自己的名字。但需要注意的是，不管求职信是打印的还是手写的，署名一定要手写，其下方要完整地写上年月日。

求职信写作虽有一定的自由度，但务必要注意文明礼貌，特别要注意突出才艺与专长的个体特征，注意展现经验、业绩和成果，精心设计装帧，讲求格式美观雅致、追求庄重秀美。

拓展阅读

求职信范文

尊敬的××经理：

您好！

我是一名即将从××大学外语系毕业的大学生，从《人才报》上得知贵公司招聘××一职，我想申请这一职位。

作为一名外语系学生，我热爱我的专业并为之投入了巨大的精力和热情。经过四年的刻苦学习，我在英语的听、说、读、写、译等方面的水平有了很大的进步，并通过了英语专业八级考试；还选修了德语作为第二外语，可用德语进行日常会话。

我知道计算机和网络是我们生活、工作中不可缺少的工具，在学好本专业的前提下，我阅读了大量的有关书籍，熟练掌握了办公软件、FoxPro、VB 等程序语言。

此外，在校期间我多次获得校级奖学金，还担任过班长、团支书等学生干部职位，这些经历增强了我的组织协调能力。

随信附上我的简历。如有机会与您面谈，我将十分感谢。

此致

敬礼！

×××

××年××月××日

（资料来源：https://wenku.baidu.com/view/9352a1010740be1e650e9a52.html，有改动）

三、就业推荐信

就业推荐信是学校为毕业生就业所出具的包含毕业本人基本情况的证明信，也是毕业生就业的身份证明，通常表现为毕业生就业推荐表。一般包括毕业生基本信息，学校教学管理部门（院、系）和就业指导部门的鉴定或意见及主要成绩等内容。

就业推荐表是学校向用人单位推荐毕业生的正式书面材料，具有很强的权威性和可靠性，也是用人单位获取毕业生基本情况的途径之一，因此每位毕业生对推荐信上的每项内容都应十分注意，不仅要提供准确的基本信息，而且要针对推荐信上的内容做好认真的准备工作。

在填写就业推荐表时，除了注意字体工整、清晰，表述准确外，还应着重注意以下几点：

（1）根据表格的要求和“说明”如实填写内容。

（2）学校、院（系）和所学专业、培养方式都应完整、准确。

（3）在贴照片处贴上本人近期一寸半身免冠证件照片，并加盖审核部门的公章。

（4）姓名要与本人户口本、身份证、毕业证等其他材料中填写的姓名完全一致，不得有异，以免引起不必要的麻烦。

（5）奖惩情况一般填写院校和系两级以上级别的奖惩情况。

（6）在校表现鉴定要客观、简练。

（7）主要课程成绩须由教务处填写并加盖公章。

（8）推荐表在规定的时间内填写完毕，并上交主管部门审核、签署意见和盖章后，方为有效。

拓展阅读

就业推荐信范文

尊敬的领导:

您好！首先感谢您能在百忙之中抽出些许时间来阅读我的这份推荐信！××同学是我校××商学院长青学院会计学专业大四的学生。

四年的大学学习历程，培养了该生严谨的思维和良好的自学能力，教该生学会了如何运用所学去解决实际问题。课堂上的学习，使该生掌握了本专业所必须具备的基本知识；通过实习，进一步将理论与实践相结合。大学期间参加的各种社会工作，使该生明白了一个人不畏艰辛去奋斗的重要性，任何时候，都要学会与他人密切合作，共同解决问题。

在校期间，该生始终严格要求自己，通过认真学习，培养了自己良好的操作能力。在学好专业课的同时，还积极参加社会实践活动，并且已经考取会计从业资格证，同年，又通过了国家英语四级和国家计算机二级考试。在校期间担任班集体生活委员一职，并被商学院评为“优秀学生干部”。

丰富的社会实践和高度的责任感是成功的基石。认真的态度、健康的心态、充沛的精力是××同学工作的基础。积极参加各种社会实践活动，有目的地锻炼了他的组织、管理、领导和沟通能力，这是工作的需要。对工作的高度责任感和强烈的求知欲会让该生在未来的工作过程中一丝不苟，持之以恒。该生深信：只要给他一片土壤，他会用年轻的生命去耕耘，您不仅能看到他的成功，而且能够收获整个秋天。这就是该生的自信和能力的承诺。

希望该生能够成为贵单位的一员，展现他的能力和潜力，为贵单位贡献自己的力量。期待着您的答复。非常感谢！

推荐人：××

××年××月××日

（资料来源：http://www.ruiwen.com/gongwen/tuijianxin/134378.html，有改动）

四、各类证书

证书是证明毕业生在校期间获取的能够证明自己的学业结果、学识水平、科研成果和论文、技能水平或等级、外语水平、参加社会活动等的荣誉证书。主要有毕业证书、学位证书、科研成果证书、发表的论文和著作、专业技能等级证书、计算机等级证书，以及律师、会计师、经济师等专业资格证书等。除此之外，还应包括所取得的辅修专业或课程证明材料等。这些证书是毕业生在校学习成绩和专业能力的最好证明，也是用人单位检验毕业生能力和水平的一个重要依据。所以，在校学生在精力和条件允许的情况下，尽可能在拓展知识和提高技能的同时，取得能够证明自身实力的各类证书，作为实现就业的最有力的辅助材料。

如何使用这些证书，要视具体情况而定。证书是作为简历或求职信的附件使用的，一般情况下没有必要随简历一并投给用人单位，求职者可在获得用人单位的面试机会时带去。如果要随简历一并投给用人单位，可投递复印件，但是如果有面试或与用人单位直接接触时，所带的证书必须是原件，也可以准备一套复印件以备使用。

拓展阅读

网上求职

1．网上求职的形式

网上求职一般有两种形式，一种是在网上发布求职信息，坐等用人单位和你联系。这种求职形式的主要操作和步骤为：打开人才招聘网站→注册登记→注明求职意向、要求以及个人情况和通信方式（通信地址或电子邮件地址）→完成登记。

另一种方式就是根据网上发布的招聘信息，发送求职意向；或直接登录用人单位网站，主动发送个人简历。如果用人单位对你发去的资料感兴趣，就会和你继续联系。

2．网上求职的注意事项

1）不要同时在一家公司应征数个职位

一般来说，在用人单位看来，你越是表现出对某一职位志在必得，他们便越觉得你是认真的。相反，如果既应聘文秘，又应聘程序员，还应聘推销员，他们会觉得你对三个方面可能都不是很精通，正所谓样样通、样样松，这样应聘的成功率自然也较低。

2）谨防网上骗子

网上求职和网下求职一样，都有上当受骗的可能。对于未面试就让应聘者缴纳报名费和培训费的招聘信息，一定要注意辨别真伪，以防受骗。

（资料来源：http://blog.sina.com.cn/s/blog_c0f5fda40101fbup.html，有改动）

第二节　笔　试

大学生对笔试并不陌生，但应注意求职择业过程中的笔试与在校期间课程考试之间的不同之处，应做好笔试的准备工作，掌握笔试的方法和技巧。

一、笔试的作用及种类

企业笔试的那些事

笔试是用人单位对应聘者的一种考核办法，目的是考核应聘者的文字能力、知识面和综合分析问题的能力。

笔试具有三个显著的特点：一是客观性。试题依据一定的内容和客观标准拟制，评卷依据客观尺度，人为干扰因素少，具有较强的区别功能。二是广博性。试题可以多种多样，测试范围广泛，结果的可信度较高。三是经济性。可在同一时间、不同地点，同时考核大批应试者，提高考试的效率。

（一）笔试的作用

（1）笔试是用人单位对求职者的基础知识、专业知识、文字表达能力和书写态度等综合能力的一次有据可查的测试。

（2）笔试可以防止任人唯亲的不正之风，也可以作为求职者能力的留档记录。

（3）笔试的结果是根据一定的标准答案评定出来的，它弥补了面试结果往往是根据个人爱好、感情用事评分的缺陷。笔试得出的分数往往可靠、真实且排名简易，对求职者来说是一次公平的竞争，对用人单位来说是检查和核实求职者真才实学的办法。

（4）笔试的试卷是决定求职者去留的最科学的法律文本。因此，笔试是用人单位测试求职者的重要砝码。

（二）笔试的种类

1. 专业考试

专业考试主要是为了检验应试者的专业知识水平和相关的实际能力。一般用人单位在接收毕业生时，根据学校提供的推荐表及成绩单，再辅以自荐材料，就可以了解其基本的知识能力等情况。但也有一些特殊的用人单位，需要通过笔试的方式对求职者进行文化专业知识的再考核。值得引起注意的是，这种考试方式已经被越来越多的热门单位所采用。例如，外贸外资企业招聘职员要考外语水平，金融单位要考金融专业知识，公检法机关录用干部要考法律常识等。

2. 心理和智商测试

心理测试是用事先编制好的标准化量表或问卷要求应试者完成，根据完成的数量和质量来判定其心理水平或个性差异的方法。一些用人单位常常以此来测试求职者的态度、兴趣、动机、智力、个性等心理素质。有些用人单位还对应试者进行智商测试，其目的主要是考查应试者的观察问题能力、综合分析能力、思维反应能力。智商测试主要为一些著名跨国公司所采用，他们对毕业生所学专业一般没有特殊要求，但对毕业生的素质要求较高。

3. 技能测验

技能主要包括毕业生熟练操作和使用计算机、英语会话和阅读能力，以及在财会、法律、驾驶等方面的能力。技能测验实际是考查毕业生的动手能力和实践能力。

4. 命题写作

用人单位通过论文或公文写作的形式考查应试者的文字表达能力及分析归纳能力。例如，限时写出一份会议通知、请示报告或某项工作总结，也可能提出一个论点，让应试者予以论证或辨析等。

5. 国家公务员录用考试

公务员的录用考试一般分两步进行。第一步是全国或全省统一的资格考试，考试内容综合性较强，包括行政能力测试和申论等，题量较大。公务员的统一考试就如一张入场券，通过考试是成为一名公务员的必备条件。第二步是面试。达到规定分数线的毕业生，可参加用人单位的面试，这次面试一般由该单位的相关负责人与毕业生进行面谈。

拓展阅读

全球知名企业的笔试情况

了解全球知名企业进行笔试的情况，无疑会有利于应试者取得成功。这些公司是怎样进行笔试的呢？下面来看几个例子。

微软：考题没有标准答案

在微软的技术支持中心，招人必定从笔试开始。考卷分 A、B 两类，A 类考卷面对的是非计算机专业的学生，其中逻辑思维方面的考查占 70%；B 类考卷面对的是计算机及相关专业的学生，其中技术方面的考核占 70%。而销售部、研发中心和研究院招人，一般不进行笔试。

微软从 IQ、算法、应用程序、谜语 4 个方面对应试者进行笔试考核。很多人在网上看到过一些非常经典的题目，如“下水道的盖子为什么是圆的”之类，就出自微软的试题数据库。微软希望招到更多具有开放性思维的人，因此很多考题并没有标准答案。例如，“请你解释一下为什么电脑的屏幕是方的而不是圆的”“你认为北京有多少个公共汽车站”，应试者可以随便给出答案，5 个或者 5 000 个都可以，关键是要有合理的解释。例如，“根据报告，北京的人口是多少，其中有多少人是需要乘坐公共汽车的，假设每人一天多少次，按照单程来算……”等。只要有一套自己的思维方式，就算是一个好答案。微软很看重员工的逻辑分析能力，而这类试题主要也是测试应聘者的思维方式。

IBM：笔试考查逻辑推理

在 IBM，笔试成绩只是作为参考，并不是过关的唯一条件。相对而言，应聘者的经验、面试的结果更为重要。IBM 有全球统一使用的数据处理测试，对应聘者的逻辑推理能力进行全面考查。

P&G：注重英语水平

P&G 的笔试主要由解难能力测试和英语水平考试构成。前者是一个 65 分钟的书面测试，主要考查应试者的逻辑思维能力和判断能力。英语考试侧重于考查应试者在跨国企业工作中的基本沟通能力。P&G 认为，掌握英语能够帮助新员工在工作中很好地与人沟通。因为在公司，除了与外方经理沟通时需要英语，和一些说粤语的香港同事交流时也能够用到英语。

NEC：字迹要清楚

NEC 的笔试成绩很重要，如果答卷人字迹潦草，则会给考官留下不良印象。在一次招聘中，一名应试者答题的准确率很高，但是字迹很乱，难以辨认，在面试时他的服装和举止也很不得体，于是最终被 NEC 拒之门外。

总结：外资名企的笔试虽然各有千秋，但也有其相同的地方。从测试的考题上就可以看出他们非常重视思维的开放性、灵活性和创新性，从笔试的方法上可以看出他们善于从不同的角度全面了解毕业生的基本素质。他们对应试者的智商、逻辑思维能力和创新精神非常重视，同时也非常关心应试者的沟通能力、团队精神和行为细节。

（资料来源：https://max.book118.com/html/2017/1102/138649030.shtm，有改动）

二、笔试前的准备

求职过程中的笔试不同于学校平时的考试，用人单位的出题方式远比学校灵活多样。在参加笔试之前，毕业生应当针对不同笔试类型适当地做一些准备，以便充分发挥自己的水平，取得好成绩。

（一）了解笔试内容，做到心中有数

笔试的主要内容包括基础知识和专业技能，以及与专业知识招聘单位有关的某些知识和技能。不同的笔试类型有不同的考试内容，毕业生在考前应详细了解，针对不同的情况做相应的准备。例如，公务员考试就有明确的考试范围，面试者复习起来就相对心中有数。其他用人单位的笔试则相对灵活，范围也比较大，一般没有明确相关的参考书，毕业生可根据用人单位的情况查阅相关资料。笔试成绩与毕业生平时的努力也有很大的关系，如果毕业生兴趣广泛，平时注意吸收各种信息，考试时就能驾轻就熟、得心应手。

（二）掌握复习方法，进行认真复习

复习已学过的知识是准备笔试的重要方式。大学期间学习的专业知识精深繁多，掌握有效的复习方法，可事半功倍。

1．掌握技巧

用人单位比较重视考核应试者对所学知识的应用能力。因此，应试者在复习的过程中，要理论联系实际，注意用理论知识解决实际问题，学以致用；对与招聘职位相关的各方面知识进行认真梳理，以便全面把握；注意提纲挈领，掌握重点，提高效率；平时广泛阅读相关知识，扩大知识面，提高阅读能力，以便应试时能应付自如地回答各类问题；为了适应招聘考试中的题量，还应培养自己快速阅读、快速思维和快速答题的能力。

2．计划周全

在笔试前应制订一份合理的、具体的、切实可行的复习计划，安排好复习的内容，合理利用时间。

（1）对考前复习的情况进行具体分析，包括需要复习的内容，自己掌握知识和能力的情况，有多少复习时间及如何分配等。

（2）妥善安排复习时间和内容，计划出每一科复习大致需要多少时间，每一阶段要达到什么目标，复习什么内容。不仅要有总的复习目标，还应有阶段性的目标。复习计划中的复习活动要多样化，各科复习交替进行。

（3）复习计划制订后要严格执行，以顽强的意志控制自己的复习。要增强战胜困难的信心，采用限时量化复习的方法，加快复习速度，提高复习效率。

（4）要有张有弛，劳逸结合，防止过度疲劳，以充沛的精力确保复习计划的执行。

3．方法得当

在复习中应掌握科学的、适应自己的记忆方法。

（1）归纳提炼法。将大量的知识归纳提炼为几条基本理论，用一个简明的表格、提纲或几句精练的语言准确地写下来；把个别的概念、定义、定律和定理放到知识体系中贯

穿思考，并弄清楚相互之间的关系，列出他们的相似点和不同点，抓住概念、定义、公式、定律等基础知识；对于容易混淆的概念或法则用对比的方法进行辨析，弄清相互间的联系和区别。

（2）系统排列法。先将知识进行归纳提炼，对归纳提炼出来的知识点，进行取同去异，使其按一定的规律系统地进行排列。在系统排列时，可以以某些相同的或相似的特征为基础，不断地把较小的组或类联合为较大的组或类，也可采用相反的方式，以对象的某些特征或特征差异为基础，把它划分为较小的组或类。通过这种系统排列，组成一定的顺序，能够找出各知识点之间的联系和关系，更好地认识其特性。

（3）串联建构法。在系统复习的基础上，对章节与章节、单元与单元进行各种串联，做更高层次的理解；对已掌握的知识进行整理、归纳、分类、列表，以形成自己的知识体系，建立起良好的认知结构；逐个章节复习，找出难点、重点；在全面复习后，最后把所有知识点再串联一遍。这种方法有别于一味地死记硬背，可以从整体上把握知识。

（三）熟悉考试环境，做到有备无患

首先是了解考场的设置情况，如自己所在的考场大小和空间位置、考场里面的装饰及采光等方面的情况，重要的是要弄清自己座位号的具体位置。其次，还要熟悉一下存包处及卫生间等地方。对于应试者来说，不仅要熟悉考场环境，还应熟记考场规则，并将每场考试的起止时间、作答要求等重要事项牢记于心。

（四）保持良好的身心状态

求职笔试不同于高考，但却是用人单位挑选招聘人选的重要参考。参加笔试需要良好的心理素质。临考前，一是要正确评价自己，树立自信心，调整好心理状态；二是要保持充足的睡眠，以避免考试时精神不振，影响正常思维；三是可以在考前适当地参加一些文体活动，从而使高度紧张的大脑得到放松休息，以充沛的精力去参加考试。

三、笔试的方法和技巧

笔试成绩的高低，不仅与自己的实际水平和考前复习有关，还与自己的答题技巧有关。要提高答题技巧，就要了解考试的特点，掌握解答各类题目的方法，以全面展现自己已掌握的知识，充分发挥自己的真实水平。参加笔试时，主要应注意以下几点。

（一）增强自信心

笔试怯场，大多数是由于缺乏自信心所致。要客观冷静地对自己进行正确评估，相信

自己的实力，才能克服自卑心理，增强自信心。应聘笔试与高考不同，高考是“一锤定音”，而求职应聘考试则可能会有多次机会。考试前应适当放松心情，调整好精神状态。

（二）掌握科学的答卷方法

拿到试卷后，首先应通览一遍，了解题目的多少和难易程度，以便掌握答题的深度和速度，合理安排答题时间；然后按先易后难的原则安排答题顺序，不要被难题所困而耽误时间；最后要尽量留出时间对容易出错的地方进行复查，特别注意不要漏题、跑题或出现错别字、语法不通、词不达意等错误；答题时行距和字迹不要太小，卷面字迹要力求清晰，书写过于潦草、字迹难以辨认也会影响考试成绩。因为求职笔试不同于其他专业考试，有些题目并没有明确的答案，认真的态度、细致的作风、新颖的观点则会大大增加被录用的可能性。

案例精选

笔试可以天马行空吗？

某高职院校 2018 届管理专业的毕业生小张是一位品学兼优的学生。一次，某颇有名气和规模的乡镇企业前来招聘管理人员，待遇比一般企业要高，小张前去应聘，笔试的题目是《我眼中的乡镇企业》。小张在文中写道：“我眼中的乡镇企业，环境恶劣、设备落后、员工素质低下。学校老师一再教导我们，要树立到乡镇企业工作的思想观念……我们这一代人是承前启后、继往开来、与时俱进的一代，我们要树立雄心壮志，到乡镇企业去工作，乡镇企业的明天要靠我们去开创。”

笔试后，小张对自己的表现比较满意。但遗憾的是，3 天后公司通知该院招生就业办公室，小张没有被录用。

（资料来源：https://max.book118.com/html/2017/1102/138649030.shtm，有改动）

第三节 面 试

在高校毕业生求职面试的实践中，往往有一些素质不错的毕业生，由于缺乏面试技巧和必要的准备而过不了面试这一关。因此，学习和掌握面试技巧，做好充分准备，对于应对面试是非常重要的。

一、面试的形式和内容

面试即当面测试，是用人单位对应聘者采取的诸多选拔方式中的一种，也是应聘者取得求职成功的关键一步。面试的目的主要是考核求职者的动机与工作期望；考核求职者的仪表、性格、知识、能力和经验等；考核笔试中难以获得的信息。

（一）面试的形式

面试有很多形式，依据面试的内容与要求，大致可以分为以下几种。

1. 问题式面试

由招聘者按照事先拟订的提纲考查求职者在特殊环境中的表现，考核其知识，判断其解决问题的能力，从而获得有关求职者的第一手资料。

2. 压力式面试

由招聘者有意识地对求职者施加压力，就某一问题或某一事件进行一连串的发问，详细具体且追根问底，直至其无以对答。此方式主要观察求职者在特殊压力下的反应、思维敏捷程度及应变能力。

3. 随意（自由）式面试

招聘者与求职者海阔天空、漫无边际地进行交谈，气氛轻松活跃、无拘无束，双方自由发表言论，各抒己见。此方式的目的是在闲聊中观察应试者的谈吐、举止、知识、能力、气质和风度，对其做全方位的综合素质考查。

4. 讨论式面试

讨论式面试近来成为许多企业偏好的一种面试形式。即一组应聘者围绕一个问题进行讨论，面试官根据每个面试者的表现和结果选择录用对象。这种形式可使应聘者更自然地展示自己的性格和能力。

进行小组讨论时，先让应聘者做自我介绍、主题演讲，接下来进入集体游戏或讨论一个问题，对应聘者做进一步考查。不论何种形式的讨论，考查的是个人能力和团队合作能力的综合。因此要把握好个人表现与小组表现的平衡，切忌以自我为中心，做出只顾自己表现而不注意小组其他成员的行为。例如，急于打断别人的发言或在别人发言时忙着整理自己的发言提纲。

5. 情景式面试

由招聘者事先设定一个情景，提出一个问题或一项计划，请应聘者进入角色模拟完成，其目的在于考核应聘者分析问题、解决问题的能力。

6. 综合式面试

招聘者通过多种方式考查求职者的综合能力和素质，如用外语与其交谈，或要求即时作文或写一段文字，或即兴演讲，甚至操作计算机等，以考查其外语水平、书面及口才表达等各方面的能力。

7. 隐蔽式面试

这是一种特殊形式的面试，招聘者主要通过暗中观察应聘者的言行举止来决定对其的评价。这种方式因其隐蔽性可以使招聘者获得应聘者在自然状态下的真实表现，故受到一些用人单位的欢迎。而应聘者常常因为其隐蔽性而放松警惕，有的甚至在这种面试中失败了也懵然不知。

案例精选

无形的面试

大学生小杰参加一家企业的招聘会。面试时，应聘者一个个走进招聘办公室，见考官身后的墙壁上贴着一张“告示”：每人只有 5 分钟时间，请你配合！

许多应聘者一进屋，面对如此要求均感到紧张，为抓住有限的时间向考官滔滔不绝地介绍自己的经历和经验，即使考官的办公电话响起，也不愿轻易中断介绍。

轮到小杰时，谈话进行没几句，办公桌上的电话便响起来。小杰心想：与电话相比，面试的紧要程度总还是次要的。于是，小杰笑了笑，在铃声响过两遍后拿起电话递给了考官。这时，面若冰霜的考官露出了难得的笑容：“恭喜你，你被录取了！”

半年后，与那位考官成为好友的小杰问起自己当初为什么被录用时，那位考官笑着说，面试中的电话是我们故意安排的现场测试，我认为能够主动终止面试而不影响我接电话的人，一定是位顾全大局的人才。

（资料来源：https://www.docin.com/p-2091623447.html，有改动）

在实际面试的过程中，主考官可能只采取一种面试形式，也可能同时采用几种面试形式。但无论面试的形式怎样变化，目的只有一个：考察应聘者的专业知识背景、智商、情商、仪表、气质、口才和应变能力等。可以说，面试是对一名毕业生进行综合素质测试的考场。

案例精选

意想不到的电话

前几天，小周向一家医药公司投了简历，应聘职位是客户服务代表。对方问了几个简单问题后，微笑着对小周说："你的条件非常适合这项工作，公司会尽快通知你参加复试。"

回到学校，小周正在吃饭时，突然手机响了。"喂，谁啊？"小周放下筷子开口问道。"您好，请问是舒兰吗？"电话的另一端传来一阵温柔的声音。"你打错了！"小周没好气地回答。"那您是谁呢？"小周心想，真是太讨厌了，打错了还纠缠不休，于是生气地说："我姓周，你这人是不是有毛病啊，明知打错了还问！""噢，是周某某吗？对不起，我打错了。"

三天后，那家医药公司还没通知小周去面试，于是小周打电话过去询问。对方说："我们已经通过电话面试过你了，你已经被淘汰了。客户服务代表要善于倾听，有耐心、有礼貌，这样才能和客户进一步交流，更好地为客户服务。"这时，小周才如梦初醒，难怪对方知道她的名字呢！就这样，一次再简单不过的面试，小周却以失败告终。

（资料来源：https://www.docin.com/p-2091623447.html，有改动）

【案例分析】即使在面试场外，也应仔细观察、从容应对身边发生的事情，要知道机遇也许就蕴藏其中。因此，大学生在平时就要不断提高自己的综合素质和修养，不但要学好如何"做事""做学问"，更重要的是要学会如何"做人"。

（二）面试的内容

面试的内容是指面试时需要测评的应聘者的基本素质内容。面试测评的主要内容有以下几种。

1. 仪表风度

这是指应聘者的体型、外貌、气色、衣着举止和精神状态等。研究表明，仪表端庄、衣着整洁、举止文明的人，一般做事有规律、注意自我约束、责任心强。

案例精选

粗心导致的结果

小张是应届毕业生，学的又是热门专业，还当过学生会干部。按"硬件"，他完全可以去比较理想的公司，然而因为平时大大咧咧，做事又毛糙，结果在面试中，他被一些细节击败了。

小张看中一家合资公司的销售经理职位，经过两轮面试后，他顺利进入最后的面试。为此，小张进行了精心准备，还特意买了一套西服。

面试时，小张回答问题让考官比较满意。这时考官要看他的一次实习鉴定资料，由于资料没有归档，加之心中无数，小张心里一慌，资料撒了一地；好不容易找到后，小张慌乱中又将考官的茶杯碰倒了，心中一急，一句脏话就出来了。

这时，主考官面露愠色。总算捱到面试结束，小张长吁了一口气，可马上又慌了，原来离开时过于匆忙竟将毕业证遗落在考场，小张只好厚着脸皮敲门拿回了自己的毕业证。这时众考官再也受不了，大笔一挥，便将小张的名字从录用的名单中划掉了。

（资料来源：https://wenku.baidu.com/view/fb88a4ce4693daef5ef73d5a.html，有改动）

2. 专业知识

对专业要求较强的岗位，在面试中，主考官往往会对应聘者提一些专业方面的问题，以了解应聘者掌握专业知识的深度和广度，考查其专业知识是否符合所要录用职位的要求。

3. 实践经验

一般面试官会根据应聘者的个人简历或求职登记表进行相关的提问，了解应聘者的有关背景及实习实践经历，以补充、证实其所具有的实践经验。通过实践经验的了解，还可以考查应聘者的责任感、主动性、思维能力、口头表达能力及遇事的理智状况等。

4. 口头表达能力

口头表达能力的考查主要是看面试中应聘者能否将自己的思想、观点、意见或建议顺畅地用语言表达出来。考查的具体内容包括：表达的逻辑性、准确性、感染力、音质、音色、音量和音调等。

5. 综合分析能力

综合分析能力的考查主要是看面试中，应聘者是否能对主考官所提出的问题通过分析抓住本质，并且说理透彻、分析全面、条理清晰。

案例精选

巧妙回答助他成功

职场天下，群雄逐鹿，在通向成功的道路上，存在不少“堡垒”。生源地的歧视就是其中常见的“拦路虎”。

毕业生小李在广州某著名企业应聘财务会计职位时，就碰到这一幕。该企业地处繁华地带，招聘职位不多，但其工薪待遇特别是奖金在同行中算得上非常好的。小李很礼貌地递上个人的求职材料后，面试官让他先做一分钟自我介绍。在小李做完自我介绍后，面试官在接下来四分钟里，每分钟都提了同样一个问题，一共四次“你非本地生源”。但小李都做了巧妙的回答。

第一次回答是：“我相信我四年的大学学习，有扎实的专业知识和能力，能胜任贵公司的财务工作。”第二次回答：“我已在广州读了四年书，适应本地生活节奏和文化氛围，广州已是我的第二故乡。”第三次回答：“贵公司虽地处广州，但客户绝非仅是广州人。”第四次回答：“虽然我非本地生源，但只要您有考虑非本地生源，即使机会为万分之一，那个‘一’就属于我。”结果，小李出色的表现赢得了机会。

（资料来源：https://wenku.baidu.com/view/ad6fecb28762caaedc33d419.html，有改动）

6. 反应能力与应变能力

反应能力与应变能力主要是看应聘者对主考官所提的问题理解是否准确贴切，回答是否迅速、明了；对于突发问题的反应是否机智敏捷；对于意外事情的处理是否妥当等。

案例精选

快速反应助她赢得工作

一合资企业到某高校招聘3名经营化妆品的业务员。该化妆品系列在市场上很受欢迎，而且公司还规定：业务员除了有较高的底薪外，还有一定比例的销售奖。当时，有许多学生都想来试试运气。其中有个长得不算太漂亮、脸上还有些雀斑的女生也报了名，经初步面试，该女生和另外4名同学一起入选。

为慎重起见，主考官们又进行了复试。复试采用的是场景模拟演示法，即让学生充当业务员，主考官当客户，当“业务员”按常规向“客户”介绍了产品之后，有个“客户”突然说：“你说这个化妆品很好，还有祛斑养颜的作用，那你脸上为什么还有这么多雀斑？”“业务员”听了一愣，但马上笑了笑：“小姐，您不知道，我脸上的雀斑以前还要多，就是用了本产品之后，才变成现在这样少的。”“客户”满意地笑了，高兴地对“业务员”说：“不错，你很有勇气，很会说话，非常适合干这一行。”因此，她幸运地被录用了。

（资料来源：https://wenku.baidu.com/view/ad6fecb28762caaedc33d419.html，有改动）

7. 人际交往能力

在面试中，主考官往往通过询问应聘者经常参与哪些社团活动，喜欢同哪种类型的人打交道，在各种社交场合所扮演的角色，来了解应聘者的人际交往倾向和与人相处的技巧。

8. 工作态度

对工作态度的考查包括两个方面：一是了解应聘者对过去学习、工作的态度；二是了解应聘者求职应聘的态度。一般认为，在过去学习或工作中态度不认真，做什么、做好做坏都无所谓的人，在新的工作岗位也很难做到勤勤恳恳、认真负责。

案例精选

巧妙回答打开求职之门

某知名企业在某学校组织了一次面试。面试考官先后向两位面试者提出了同样的问题："我们单位是全国数一数二的大公司，下面有很多子公司，凡被录用的人员都要到基层去锻炼，基层条件比较艰苦，请问你是否有思想准备？"

毕业生 A 说："吃苦对我来说不成问题，我很乐意到基层去，只有在基层摸爬滚打才能积累丰富的工作经验，为今后的发展打下基础。"毕业生 B 则回答："我认为到基层去锻炼很有必要，我将努力克服困难，好好工作，但作为年轻人总希望有发展的机会，不知贵公司安排我们下放基层的时间多长？还有可能上来吗？"

结果前一学生被录用，后一学生被淘汰。

（资料来源：https://wenku.baidu.com/view/ad6fecb28762caaedc33d419.html，有改动）

9. 求职动机

了解应聘者为何希望来本单位工作，对哪类工作最感兴趣，在工作中追求什么，来判断本单位所能提供的职位或工作条件等能否满足其工作要求和期望。

10. 兴趣与爱好

主考官通过对应聘者提一些诸如休闲时间爱从事哪些运动，喜欢阅读哪些书籍以及喜欢什么样的电视节目，有什么样的嗜好等问题，来了解应聘者的兴趣与爱好，以利于录用后的工作安排。

此外，面试时主考官还会向应聘者介绍本单位及拟聘职位的情况与要求，讨论有关工薪、福利等应聘者关心的问题，以及回答应聘者可能要问到的其他一些问题。

拓展阅读

15个经典面试问题回答思路

面试过程中，面试官会向应聘者发问，而应聘者的回答将成为面试官考虑是否接受他的重要依据。对应聘者而言，了解这些问题背后的用意至关重要。这里对面试中经常出现的一些典型问题进行了整理，并给出相应的回答思路和参考答案。读者无须过分关注分析的细节，关键是要从这些分析中“悟”出面试的规律及回答问题的思维方式，达到“活学活用”。

问题一：“请你自我介绍一下。”

思路：① 这是面试的必考题目。② 介绍内容要与个人简历相一致。③ 表达方式上尽量口语化。④ 要切中要害，不谈无关、无用的内容。⑤ 条理要清晰，层次要分明。⑥ 事先最好以文字的形式写好背熟。

问题二：“谈谈你的家庭情况。”

思路：① 家庭情况对于了解应聘者的性格、观念、心态等有一定的作用，这是招聘单位问该问题的主要原因。② 简单地罗列家庭人口。③ 宜强调温馨和睦的家庭氛围。④ 宜强调父母对自己教育的重视。⑤ 宜强调各位家庭成员的良好状况。⑥ 宜强调家庭成员对自己工作的支持。⑦ 宜强调自己对家庭的责任感。

问题三：“你有什么业余爱好？”

思路：① 业余爱好能在一定程度上反映应聘者的性格、观念、心态，这是招聘单位问该问题的主要原因。② 最好不要说自己没有业余爱好。③ 最好不要说自己有哪些庸俗的、令人感觉不好的爱好。④ 最好不要说自己的爱好仅限于读书、听音乐、上网，否则可能令面试官怀疑应聘者性格孤僻。⑤ 最好能有一些户外的业余爱好来“点缀”你的形象。

问题四：“你最崇拜谁？”

思路：① 最崇拜的人能在一定程度上反映应聘者的性格、观念、心态，这是面试官问该问题的主要原因。② 不宜说自己谁都不崇拜。③ 不宜说崇拜自己。④ 不宜说崇拜一个虚幻的或是不知名的人。⑤ 不宜说崇拜一个明显具有负面形象的人。⑥ 所崇拜的人最好与自己所应聘的工作能“搭”上关系。⑦ 最好说出自己所崇拜的人的哪些品质、哪些思想感染着自己、鼓舞着自己。

问题五：“你的座右铭是什么？”

思路：① 座右铭能在一定程度上反映应聘者的性格、观念、心态，这是面试官问这个问题的主要原因。② 不宜说那些易引起不好联想的座右铭。③ 不宜说那些太抽象的座右铭。④ 不宜说太长的座右铭。⑤ 座右铭最好能反映出自己的某种优秀品质。

参考答案："只为成功找方法，不为失败找借口。"

问题六："谈谈你的缺点。"

思路：① 不宜说自己没缺点。② 不宜把那些明显的优点说成缺点。③ 不宜说出严重影响所应聘工作的缺点。④ 不宜说出令人不放心、不舒服的缺点。⑤ 可以说出一些对于所应聘工作"无关紧要"的缺点，甚至是一些表面上看是缺点，从工作的角度看却是优点的缺点。

问题七："谈一谈你的一次失败经历。"

思路：① 不宜说自己没有失败的经历。② 不宜把那些明显的成功说成是失败。③ 不宜说出严重影响所应聘工作的失败经历。④ 所谈经历的结果应是失败的。⑤ 宜说明失败之前自己曾信心百倍、尽心尽力。⑥ 说明仅仅是由于外在客观原因导致失败。⑦ 失败后自己很快振作起来，以更加饱满的热情面对以后的工作。

问题八："你为什么选择我们公司？"

思路：① 面试官试图从中了解你求职的动机、愿望及对此项工作的态度。② 建议从行业、企业和岗位这三个角度来回答。

参考答案："我十分看好贵公司所在的行业，我认为贵公司十分重视人才，而且这项工作很适合我，相信自己一定能做好。"

问题九："对这项工作，你有哪些可预见的困难？"

思路：① 不宜直接说出具体的困难，否则可能令对方怀疑应聘者不行。② 可以尝试迂回战术，说出应聘者对困难所持有的态度——"工作中出现一些困难是正常的，也是难免的，但是只要有坚忍不拔的毅力、良好的合作精神以及事前周密而充分的准备，任何困难都是可以克服的。"

问题十："如果我录用你，你将怎样开展工作？"

思路：① 如果应聘者对于应聘的职位缺乏足够的了解，最好不要直接说出自己开展工作的具体办法。② 可以尝试采用迂回战术来回答，如"首先听取领导的指示和要求，然后就有关情况进行了解和熟悉，接下来制订一份近期的工作计划并报领导批准，最后根据计划开展工作。"

问题十一："与上级意见不一致，你将怎么办？"

思路：① 一般可以这样回答："我会给上级以必要的解释和提醒，在这种情况下，我会服从上级的意见。"② 如果面试你的是总经理，而你所应聘的职位另有一位经理，且这位经理当时不在场，可以这样回答："对于非原则性问题，我会服从上级的意见，对于涉及公司利益的重大问题，我希望能向更高层领导反映。”

问题十二：“我们为什么要录用你？”

思路：① 应聘者最好站在招聘单位的角度来回答。② 招聘单位一般会录用这样的应聘者：基本符合条件、对这份工作感兴趣、有足够的信心。③ 如“我符合贵公司的招聘条件，凭我目前掌握的技能、高度的责任感和良好的适应能力及学习能力，完全能胜任这份工作。我十分希望能为贵公司服务，如果贵公司给我这个机会，我一定能成为贵公司的栋梁！”

问题十三：“你能为我们做什么？”

思路：① 基本原则上“投其所好”。② 回答这个问题前应聘者最好能“先发制人”，了解招聘单位期待这个职位所能发挥的作用。③ 应聘者可以根据自己的了解，结合自己在专业领域的优势来回答这个问题。

问题十四：“你是应届毕业生，缺乏经验，如何能胜任这项工作？”

思路：① 如果招聘单位对应届毕业生的应聘者提出这个问题，说明招聘单位并不真正在乎“经验”，关键是看应聘者怎样回答。② 对这个问题的回答最好要体现出应聘者的诚恳、机智、果敢及敬业精神。

参考答案：“作为应届毕业生，在工作经验方面的确会有所欠缺，因此在读书期间我一直利用各种机会在这个行业里做兼职。我也发现，实际工作远比书本知识丰富、复杂，但我有较强的责任心、适应能力和学习能力，而且比较勤奋，所以在兼职中均能圆满地完成各项工作，从中获取的经验也令我受益匪浅。请贵公司放心，学校所学及兼职的工作经验使我一定能胜任这个职位。”

问题十五：“你希望与什么样的上级共事？”

思路：① 通过应聘者对上级的“希望”可以判断出应聘者对自我要求的意识，这既是一个陷阱，又是一次机会。② 最好回避对上级具体的希望，多谈对自己的要求。

参考答案：“作为刚步入社会的新人，我应该多要求自己尽快熟悉环境、适应环境，而不应该对环境提出什么要求，只要能发挥我的专长就可以了。”

同一个面试问题并非只有一个答案，而同一个答案并不是在任何面试场合都有效，关键在于应聘者掌握了规律后，对面试的具体情况进行把握，有意识地揣摩面试官提出问题的心理背景，然后投其所好。

（资料来源：http://www.offcn.com/mianshi/2015/1229/4740.html，有改动）

二、面试前的准备

古语云：“凡事预则立，不预则废。”面试前的准备相当重要，大致有以下几个方面。

（一）深入了解用人单位

俗话说：“知己知彼，百战不殆。”因此，在面试前了解用人单位的情况非常有必要。一般来说，毕业生可通过用人单位的内部宣传资料、网站、杂志、报纸、广告宣传手册和新闻媒体的报道等渠道来了解用人单位的性质、规模、特色、组织机构、财务状况、发展前景、企业信誉等情况；了解用人单位对员工的职责、工作要求及给予员工的报酬、培训等情况；了解用人单位招聘职位的性质、工作内容、所需知识和技能。若事先对这些情况一无所知或知之甚少，则在面试时容易处于被动的境地，也容易对用人单位招聘人员造成“你不关心我单位”的不良印象，从而影响面试成绩。

案例精选

你可以走了

身为某外资企业市场总监的李先生，提起8年前大学毕业的第一次面试，还让他记忆犹新。

当时的就业压力并不大，但李先生还是早早地做好了充足的面试准备。无论是求职信、个人简历，还是自己的着装，都请教过很多人，可以说是很完美。而且，他事先也做了充分的心理调适，所以心态上也很放松。

面试的时候，无论是说自己的经历还是谈技术，从主考官的表情来看，对他都非常满意。40 分钟的面试就要接近尾声了，突然主考官问：“李先生，我看您事先做了很充分的准备，说明您对我们公司和这份工作很重视。那您知道我们公司是干什么的吗？”“干什么的？”李先生一下子蒙了。半晌，李先生一脸尴尬地说：“对不起，这一点我还没来得及进行足够的关注……”主考官手一挥：“好了，李先生，你可以走了。”

（资料来源：https://wenku.baidu.com/view/b07b759455270722182ef707.html，有改动）

（二）充分准备材料

参加面试要带好求职信、个人简历、成绩单及有关证书（正本和复印件）等材料。有关证书包括学历证书、各类获奖证书，以及外语、计算机、职业技能等级证书。如果应聘外资企业，最好将求职信、个人简历等材料准备为中英文对照格式。即使曾经发过求职信和个人简历，也应该再带上一份材料，以备用人单位查看。并且，所有准备好的文件都应该按顺序整理，以便取用。

（三）面试训练准备

刚毕业的大学生缺乏求职面试经验，在面试前有必要进行一些面试技巧训练，包括口才训练、反应训练、礼仪训练等。大学毕业生可以通过学校就业指导课或讲座来学习、查阅有关面试的指导书籍、模拟面试等途径进行训练。

（四）调整心情

面试时一定要精神饱满，因此在参加面试前要适当放松，搞好个人卫生，调节自己的生活规律，保证充分的休息时间，以饱满的精神状态面对主考人员。

（五）独自前往

在各类面试及咨询中，一定不要让自己的父母或亲戚朋友陪同，要独自前往。这样，可以避免用人单位怀疑个人的自信心和独立能力。

（六）遵守约定时间

参加面试，最好比约定时间提前达到面试地点，以稳定自己的情绪和做好面试准备。如果有意外情况，最好能够在面试前通知用人单位，告知自己不能准时到达面试地点。一般提前 10 分钟到达，绝对不可以迟到。到达后应礼貌对待前台接待，在规定的地方等候，不可随意走动。

三、求职面试礼仪

穿着和举止打扮可反映出一个人的修养和生活风格，仪表往往能决定招聘者对应聘者的第一印象。面试环节中，面试者在面试中所体现出的礼仪问题，在很大程度上影响着面试的成绩。

（一）面试仪表

1. 面试着装

服饰能够反映出一个人的文化水平、修养和气质，它是一种重要的体态语言。从某种程度上来说，外表装束更能反映一个人的心态。应试者参加面试时应做到着装整洁、大方、符合职业形象；服饰搭配协调，比较适合大学毕业生的面试需要。在应聘不同岗位时，应根据所应聘的工作性质和类型，确定自己的穿着。例如，应聘技术人员等具体操作岗位，应穿朴素一点；去广告公司应聘，则不应穿古板落俗的衣服；若从事比较活泼的行业（如营销），则服饰上可适当有些图案，以显朝气。

应试者的衣着服饰要注意以下几个方面：

（1）女生忌服饰过于繁杂、鲜艳，应避开大红、橙色、粉色、紫色等颜色。

（2）男生穿深色西装，领带、衬衣袖口要注意清洁。

（3）尽量减少佩戴首饰，要突出大学毕业生年轻、有朝气的一面，以清新的形象示人。

（4）皮鞋要擦去灰尘和污痕，鞋带要系牢。男生的鞋子颜色一般不要比裤子颜色淡。女同学不要穿鞋跟过高的鞋子。

面试时的基本着装礼仪

案例精选

适得其反

毕业生小赵参加了系里的就业指导课后，决定接受老师的建议，重新给自己包装一下。经过一番打扮，果然大不一样，唯有那一双新鞋，因为不小心买大了一码，又舍不得放弃，只好勉强穿上。不久，一家单位请小赵去面试。他穿上新衣新鞋，自我感觉非常满意。面试过后，单位的一位领导突然要求小赵走上几步给考官看，这下可把他吓坏了。心里越发紧张，结果越走越难看。几天后，其他几位同去单位面试的同学都接到了复试的通知，小赵却没有。后来，老师问小赵是不是脚有问题。他说："绝对没有，只是紧张的缘故。"

（资料来源：https://www.docin.com/p-44794219.html，有改动）

2. 化妆与发型

面试前，应整理仪容，将头发清洗干净、梳理整齐，不要染怪色头发。男生不要留小胡子，不要留长发；女生不要浓妆艳抹，不要用气味浓烈的香水。

拓展阅读

面试着装礼仪

面试时，合乎自身形象的着装会给人以干净利落、有专业精神的印象，男生应显得干练大方，女生应显得庄重俏丽。

1．男生面试时的服饰礼仪

1）西装

男生应在平时就准备好一至两套得体的西装，不要到面试前才去匆匆购买，那样不容易选购到合身的西装。应注意选购整套的两件式的，颜色应当以主流颜色为主，如灰色或深蓝色，这样在各种场合穿着都不会显得失态。裤子除了要与上身西装保持色调一致以外，还应该注意不要太窄，要保留有一定的宽松度；也不要太短，以恰好可以盖住皮鞋的鞋面为宜。

2）衬衫

以白色或浅色为主，这样比较好配领带和西裤。平时也应该注意选购一些较合身的衬衫，面试前应熨平整，不能给人“皱巴巴”的感觉。崭新的衬衣穿上去会显得不自然，太抢眼，以至于削弱了面试官对求职者其他方面的注意。

3）领带

若男生参加面试的岗位需打领带，则应注意领带上面不能有油污，不能皱巴巴，且应与西服颜色相衬。有一点需要特别指出，不要使用领带夹。因为使用领带夹只是亚洲少数国家的习惯，具有很强的地区色彩，并非国际通行的惯例。至于领带的长短，以刚刚超过腰际皮带为好。

4）皮鞋

皮鞋以黑色为宜，以舒适大方为度。面试前一天要将其擦亮，不留灰尘与污迹。

5）袜子

袜子应长度适中，颜色宜为深灰色、蓝色、黑色等深色。

6）头发

尽量避免在面试前一天理发，以免看上去不够自然。男生女生都应在面试前一天洗干净头发，避免头屑留在头发或衣服上，保持仪容整洁是取得用人单位良好第一印象的前提。

此外，男生要将胡须剃干净，注意在刮的时候不要刮伤皮肤，指甲应在面试前一天剪整齐。

2．女生面试时的服饰礼仪

1）套装

每位女生应准备一至两套较正规的套服，以备去不同单位面试之需。女式套服在选择时应与准上班族的身份相符，可根据个人气质、脸型、身材、面试单位的类型挑选不同颜色、不同款式。

2）化妆

女生可以适当地化点淡妆，使自己更显亮丽。用薄而透明的粉底营造健康的肤色，用浅色口红增加自然美感，用棕色眉笔调整眉形，用睫毛膏让眼睛更加有神。但不能浓妆艳抹，过分夸张。

3）皮鞋

面试时穿鞋总的原则是与整体服饰相协调。中跟皮鞋在面试中较为适宜，较为稳当，又能体现职业女性的气质。相比之下，穿高跟鞋显得步态不稳，穿平跟鞋显得步态拖拉。如穿中、高筒靴子，裙摆下沿应盖住靴口，以保持形体垂直线条的流畅。同样，裙摆应盖过长筒丝袜袜口；夏日最好不要穿露出脚趾的凉鞋，或光脚穿凉鞋，更不宜将脚指甲涂抹成红色或其他颜色。

4）袜子

穿裙装袜子很重要，丝袜以肉色为雅致，要注意避免破损和脱丝。面试时最好带一双备用，以备破损更换。

5）装饰品

面试时搭配饰品应讲求少而精，一条丝巾，一枚胸花，一条项链，就能恰到好处地体现职业女性气质和神韵。应避免佩戴过多、过于夸张或有碍工作的饰物，让饰品真正有画龙点睛之妙。否则，容易分散考官的注意力，有时也会给考官留下不成熟的印象。

6）发型

不管长发还是短发，一定洗得干净、梳得整齐，增添青春的活力。发型可根据衣服正确搭配，要善于利用视觉错觉来改变脸形。例如，脸型过长的人，可留较长的前刘海，并且尽量使两侧头发蓬松，这样长脸看起来不太明显；脖颈过短的人，则可选择干净利落的短发来拉长脖子的视觉长度；脸型太圆或者太方的人，一般不适合留齐耳的发型，也不适合中分发型，应该适当增加头顶的发量，使额头部分显得饱满，在视觉上减弱下半部分脸型的宽度。根据应聘的不同职业，发型也应有所差异。

7）手表

面试时不宜佩戴过于花哨的手表，给人过于稚气的感觉。面试前应调准时间，以免迟到或闹笑话。

提示：服装及饰品是求职者留给面试考官的第一印象，得体的穿着打扮能使其为你加分；也能使自己增加自信，在面试中发挥更好。要达到这个目的，需要研究着装风格，注意细节修饰。

禁忌：男女生都不能在面试时穿T恤、牛仔裤、运动鞋，过于随意、邋遢。女生切忌打扮得过于花枝招展、性感暴露。

（资料来源：https://www.jianshu.com/p/c039ba81ad87，有改动）

（二）面试举止

举止是无声的语言，主要通过人的表情、姿势、动作等表现出来。它是一个人是否具有修养的表现。面试时应注意以下几个方面。

1．敲门进入面试室

进入面试室前应先轻轻敲门（门一般是关着的），得到许可后方可进入。注意敲门不可用力太大，也不可未进门前先将头伸进去张望一下再进门，更不可大大咧咧地直接推门而入。进门后，应轻轻地转过身去关上门。

2．主动与主考官打招呼

进入面试室后，应主动与主考官打招呼，可点头微笑，也可问候，如“上午好”“下午好”“各位领导好”。若主考人员没有主动伸手与你握手，无须主动要求握手。要有礼貌地告诉主考官自己是谁，做到举止大方、谈吐高雅、态度热情。

3．回答问题时精神集中、态度诚恳

面试时回答问题精神要集中，力求给对方以诚恳、沉稳、自信的印象。诚实地讲出自己能做什么，不能做什么，切忌含糊其词。根据听者的反应适时调整自己的语言表达方式，冷静地保持不卑不亢的风度。

在语言方面，毕业生谈话的内容和说话的方式同等重要。只要讲话条理清晰，并通过表情、声音、语调等诸方面的配合，传达出自己真诚、热情、乐观、大方的态度，就会收到良好的效果。

4．微笑待人

俗话说：“面带三分笑，礼数已先到。”微笑是自我推荐的润滑剂，是礼貌之花、友谊之桥；是自信的象征，是心理健康的表示或标志。所以，求职时面带微笑会提高求职的成功率。面对陌生的考官，微笑可以缩短双方的距离，创造良好的面试氛围。微笑应贯穿面试的全过程。在跟对方见面时要面带微笑；在跟对方交谈时要面带微笑；在跟对方打招呼时要点头微笑；在跟对方告别时要握手微笑。总之，决不能吝啬你的微笑。

面试者要善于微笑，微笑必须真诚、自然。只有真诚、自然的微笑，才能使对方感到友善、亲切。微笑要适度、得体。适度就是要笑得有分寸、不出声，含而不露，不能哈哈大笑、捧腹大笑；得体就是要恰到好处，当笑则笑，不当笑则不笑，否则会适得其反，给

对方留下不好的印象。

5. 面试时的姿势

俗话说："站有站相，坐有坐相。"进入面试室落座后的姿势最为重要。正确的坐姿是：全身放松，两腿自然并拢，手放在膝上，挺直腰板，身体微向前倾，坐时既不可坐得太浅，也不能坐得太深（应只坐椅子的三分之二）。坐浅了容易使自己紧张，导致注意力不集中，坐深了斜倚在靠背上会给人以懒散感。正确的坐姿，会让人感觉到应聘者精神振奋、朝气蓬勃。注意不要有小动作，如下意识地看手表（让主考官觉得你对面试或提问有些不耐烦）；跷二郎腿，不停地抖动；坐时双腿叉开，摇晃不停；用手掩口；讲话时摇头晃脑；用手不停地挠后脑勺；不停地玩弄随身携带的小物件等。这些小动作会使主考官分神，并很有可能引起他们的反感。

6. 认真倾听并注意目光交流

面试时与主考人员保持视线的接触，是交流的需要，也是起码的礼貌，更是应聘者自信的表现。面试时若回避对方的目光，会被对方认为你或许太胆怯，心中无底；或许太傲气，不将主考人放在眼里。正常状态下，应聘者应将大部分时间望着向自己发问的那位主考人，但不要一直将目光死盯着对方的眼睛。正确的方法是把目光放在对方额头或鼻梁上方，保持目光的自然轻松、柔和，传达出你的真实思想，这样会让对方觉得你是在聚精会神地和他交流。多个面试考官在场时，应适时地环顾其他考官，以表示他们的尊重。

7. 在语言方面应注意的问题

（1）谈话时若无特殊情况，不可随便打断别人的讲话，即使是有某种原因，也要以适当的方式插话。

（2）要善于使用手势语，注意要得体、协调。在多数情况下，手势语作为一种伴随语言，它使有声语言行为化，或重点强调，或辅助口头表达，但手势语并非多多益善，要适量，当用则用，不当用则不用，尽量简练。有些面试者对此不够注意，在谈话中采用过多的手势，比如边说话边挥舞，以示说话有力，以至于有些动作幅度过大，姿势粗俗欠优雅。同时，手势语使用的频率、摆动的幅度以及手指的姿态等都应和谐地配合有声语言传递信息。过多、过杂且不注意姿势的手势动作，会给人以张牙舞爪和缺乏修养之感。而过多地使用"呢、啦、吧、啊"等语气词或者口头禅，会使考官心烦意乱，也会让考官以为求职者信心不足，准备工作也做得不充分。

（3）讲话时普通话应力求标准，不可讲错字或念错音，最好不用方言。若是涉外单位，还应做好用英语面试交谈的准备。

（4）讲话时不可以自负的方式和语气说话，即话不能说得太满，当然也不必过于谦虚。

8. 微笑告辞

当主考人示意面试结束时，应微笑起立，感谢用人单位给予面试的机会，然后道“再见”，没有必要握手（除非主考人员主动伸出手来）。如果进入面试室时有人接待或引导，离开时也应一并向其致谢、告辞。

案例精选

礼貌的力量

有一名应届大学毕业生到一家公司面试，王经理说话直率，没谈几句就回绝了他。这名大学生十分礼貌地告辞说：“感谢您给了我这次面试的机会，只可惜我自己能力不够，实在非常抱歉，我会记住您的忠告去努力的。”

他礼貌大方地走后，王经理忽然感觉这小伙子不错，公司也需要人才，于是，决定在限定名额之外追加录取这名大学生。

（资料来源：https://max.book118.com/html/2018/1018/6210143134001223.shtm，有改动）

9. 面试禁忌

（1）迟到。迟到是面试中的大忌，没有什么比迟到更让用人单位反感。面试时要准时，这是对求职者最起码的要求，准时代表着一个人的基本素质和修养。不准时的人，会让人觉得没有责任感。如果是因为堵车或者地方不熟悉，应该立即与用人单位联系，讲明情况。

（2）完全被动。主要表现为默不作声，主考官再三诱导也只回答“是、不是、好、可以”等简单的字符。考官不说话时，也不会适时提问，而造成长时间的静默。这样的求职者必然让用人单位失望。

（3）傲然自大。有些求职者三番五次质询用人单位的规模、晋升制度、在职培训情况，以及问他们能让自己担当什么职务或准备给多少薪水等，而对用人单位提出的问题不屑一顾，或是无礼打断主考官的问话，未经同意就大声说话，甚至反问主考官，让其下不了台。

（4）不当反问。例如，主考官问：“关于工资，你的期望值是多少？”应聘者反问：“你们打算出多少？”这样的反问很不礼貌，好像是在谈判，很容易引起主考官的不快和敌视。

（5）急于套近乎。具备一定专业素养的面试官非常忌讳与应聘者套近乎，因为面试中双方关系过于随便或过于紧张都会影响面试官的评判。过分“套近乎”也会在客观上妨碍应聘者进行专业经验与技能的陈述。聪明的应聘者可以列举一至两件有理有据的事情来赞扬招聘单位，从而表现出这家公司的兴趣。

（6）超出范围。在面试快要结束时，主考官问求职者：“请问你有什么问题要问我吗？”若应聘者反客为主地询问：“请问你们公司的规模有多大？中外方的比例各是多少？董事会成员里中外方各有几位？你们未来 5 年的发展规划如何？”连珠炮似的问题让主考官几乎哑口无言，结局自然不妙。

（7）盲目应试。应试者择业意向不明确或对用人单位及招聘岗位的要求不清楚，“有病乱投医”，盲目应试赶场，结果自然以失败告终。

四、面试后的努力

面试结束后，能否被录取尚为未知数，面试官事后还要对应聘者重新审视，如果能在招聘单位最后做出决定之前做些积极的努力，或许还能改变自己的命运。

（一）回顾与反省

应聘者在面试结束后要仔细回忆和分析面试场景，从以下问题中找出自己的不足，以便进一步做出有效的努力。

（1）面试官的姓名和职位是什么？

（2）单位的要求是什么？

（3）首要目标和最大的挑战是什么？为什么我能做好这份工作？

（4）哪些问题没有回答好？为什么？双方共同认为下一步应该做什么？

（5）和面试官最后几分钟谈话的内容是什么？

在对上述问题进行分析和总结后，若有机会应该虚心地向招聘者请教自己有哪些欠缺，以便今后改进。这样，既可以给招聘者留下良好的印象，也会使自己取得进步。

（二）与招聘者保持接触

（1）应试者不要忘记在面试结束的一两天内向面试人员和其他人员写一封感谢信：一是感谢对方的面试机会；二是说明自己留下了愉悦的印象和感受；三是再次表明对此工作的兴趣和信心。面试后的感谢信所起的作用主要有：引起招聘者的注意，加深印象；可以澄清面试中可能的误解，消除对方疑虑；可以补充资料，补充说明；提供重申工作职位的机会，表明诚意，给对方信心。最好能在面试结束后 24 小时内将感谢信发出。

拓展阅读

面试后的感谢信

尊敬的××先生:

感谢您昨天为我的面试花费时间和精力。我觉得和您的谈话很愉快，并且了解到许多关于贵公司的情况，包括公司的历史、管理形式以及公司宗旨。

正像我已经谈到过的那样，我的专业知识、经验和成绩对公司是很有用的，尤其是我的刻苦钻研能力。我还在公司、您本人和我之间发现了思想方法和价值取向上的许多共同点。我对贵公司的前途十分有信心，希望有机会和你们一起为公司的发展努力工作。

再一次感谢您，并希望有机会与您再谈。

×××

××年××月××日

（资料来源：https://wenku.baidu.com/view/c945a77eeff9aef8941e06ef.html，有改动）

（2）有的情况下可能会有第二轮甚至第三轮的面试，面试的团队也越来越大，需要做好相应的准备。

（3）在面试后的一周左右和合适的时间里，主动打电话询问面试结果，在其后的一个月中可以多次去电话询问，但是不要过于频繁，引得对方反感。

如果在一个星期内，或者依据招聘者做决策所需的一段合理时间之内没有得到任何音信，可以给负责人打个电话，问其“是否已经做出决定了？”这个电话可以表示出自己的兴趣和热情，还可以从他的口气中听出你是否有希望得到这份工作。如果在打听情况时察觉出自己有希望中选，但最后决定尚未做出，可以过段时间后再打一次电话询问。

每次打过电话之后，还应该随后寄出短信，重申自己的优点、对所应聘职位的兴趣、为公司发展所能做的具体贡献和希望早日得到回音等。这些对于求职的成功都有很大的帮助。哪怕招聘者已经暗示你可能落选了，也可寄一封短信表明即使没有成功，但也很高兴有面试机会。这样做不仅仅是出于礼貌，而且还能使招聘者在其公司出现另一职位空缺时想到你，创造出一个潜在的求职机会。

案例精选

失而复得

小万是中南财经政法大学工商学院的应届毕业生。武汉一家事业单位招聘宣传干事，小万到了招聘地点才知道，招聘单位要求硕士以上文化程度。小万想，自己平时已在各类报纸上发表文章20多篇，应该能够胜任这份工作。于是，他成为应聘的20多人中唯一的本科生。

交上简历后，小万一直没有接到通知。他打电话询问，对方人事主管说："我们倾向于招收研究生，你条件虽不错，但不符合我们的要求。"

小万听后，知道机会不大，但还是给人事主管发了一条短信：虽然我不太符合贵单位的要求，但仍感谢您给我的指导，如果面试者中没有合适的，或者有人缺席，请及时通知我，非常感谢！

一个星期后，那家单位果然给小万打来电话，说正好有个面试名额空缺。小万经过精心准备，在面试中赢得了工作机会。单位人事主管告诉小万，说是他后来的那条短信打动了自己。

（资料来源：https://wenku.baidu.com/view/033d96573186bceb18e8bb7c.html，有改动）

实践拓展

1．根据自身实际情况，撰写个人简历、求职信各一份。

2．以下是××集团公司2015届大学生笔试试题，请做一做。

一、单项选择题（每小题5分，共50分）

（1）科学家发现大洋底部的裂陷扩展从来没有停止过，这个发现可能会解答一个曾引起人们关注的问题。地球每天的时间都比前一天延长1/700秒，即每过一年，一天要延长0.5秒，据此预测，再过2亿年，一年将只有250天了。对"一个曾引起人们关注的问题"的"解答"，最准确的是（　　）。

A．大洋底部裂陷扩展，地球运行时间延长

B．大洋底部裂陷扩展，地球运行时间缩短

C．大洋底部裂陷扩展，地球自转速度减慢

D．大洋底部裂陷扩展，地球自转速度加快

（2）从所给的四个选项中，选择最合适的一个填入括号处，使之呈现一定的规律性：2/3，1/2，2/5，1/3，2/7，（ ）。

A．1/4　　B．1/6　　C．2/11　　D．2/9

（3）① 会议已经开始；② 遇到熟人；③ 接到通知；④ 去参加会议；⑤ 谈了自己的看法。将上列各项按正确顺序排序的是（ ）。

A．③④②①⑤　　B．②③④①⑤

C．③②⑤①④　　D．④②③①⑤

（4）后面的一个图形是什么？（ ）

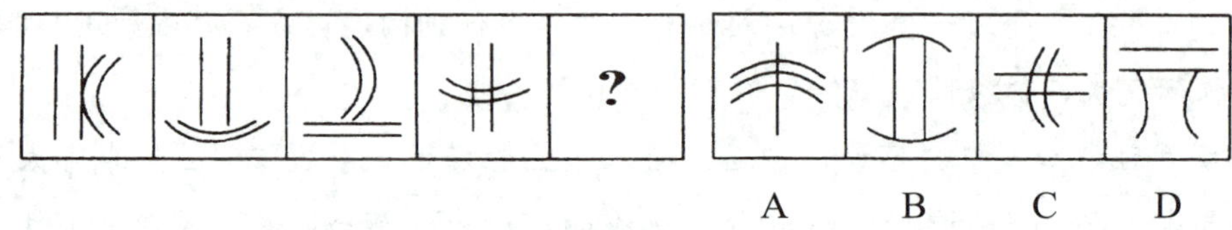

（5）在永恒"变化"的过程中，有的东西是要永恒坚持的，那就是学习方法论和颖悟性，还有"做人"。这段话主要支持了这样一种观点，即（ ）。

A．永恒变化着的某些东西需要永恒坚持

B．有些东西只有永恒地坚持，才会永恒"变化"

C．有些东西不应随着永恒的"变化"而丢弃

D．永恒的"变化"是绝对的，静止是相对的

（6）从所给的四个选项中，选择最合适的一个填入括号处，使之呈现一定的规律性：1，4，27，（ ），3125。

A．70　　B．184　　C．256　　D．351

（7）从所给的四个选项中，选择最合适的一个填入问号处，使之呈现一定的规律性（ ）。

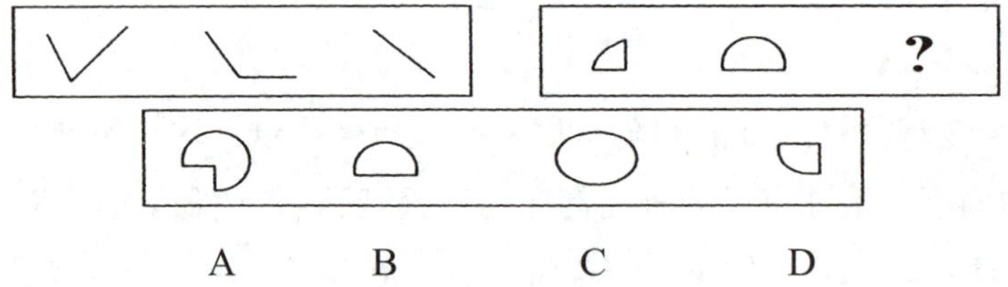

（8）真正的辩论与辩论比赛的不同在于，在前者中，辩论双方均站在自己真实的立场上，而在后者中，角色是抽签决定的。这段话支持了这样一种观点，即（ ）。

A．真正的辩论是为了坚持观点，比赛是为了提高技巧

B．辩论比赛中的双方是通过抽签决定的

C．真正的辩论是为了坚持社会准则

D．在辩论比赛中，双方必须坚持自己个人的观点

（9）这些像尘土一样卑微的人们，他们的身影出现在我的视线里，他们的精神沉淀在我的心灵里，他们常常让我感觉到这个平凡的世界是那么可爱，这个散淡的世界其实是那么默契，而看起来如草芥一样的生命种子，其实是那么坚韧和美丽。最符合这段文字中心思想的是（　　）。

A．生命不平凡但美丽

B．生命因平凡而美丽

C．生命既平凡又美丽

D．生命的平凡和美丽

（10）世界食品需求能否保持平衡，一方面取决于人口和经济增长的速度。人口增长会导致食物摄取量的增加；另一方面，经济增长会促使畜产品消费增加，改变人们的食物结构，从而对全球的谷物需求产生影响。据此可知（　　）。

A．人口的增长将影响全球的谷物需求

B．改变食物结构将降低全球的谷物需求

C．经济的增长可降低全球谷物的需求

D．人口的增长会导致世界畜产品消费的增加

二、英语题（每小题 10 分，共 20 分）

（1）How would you explain how to use internet to your grandma?

（2）A customer brings in a product for repair on Monday. The customer was told that it is a simple repair, and that it would be ready by 3 P.M. on Tuesday. When the customer comes in at 4 P.M.on Tuesday, the product has still not been repaired. The customer is very unhappy. As the service manager, how would you handle the situation?

三、论述题（每小题 15 分，共 30 分）

（1）针对你们单位业务工作中出现的问题，你提出了一些很好的建议，得到了同事们的赞同，但你的领导并不满意。在这种情况下，你怎么办？

（2）领导安排一项任务交给你和你的一位同事去完成，在执行任务前，你们有不同的看法，但最终还是依你的方法执行任务，但在执行的过程中，发现你的方法不合实际，导致工作无法开展，你将如何处理这件事？

3．测测你的面试技巧。

① 在准备第一次去一家公司面试时，你会：

A．擦亮你的皮鞋，准时出现在那儿

B．很自信，因为简历准备得很充分

C．在家里对这家公司及其业务做个小小的研究

D．其他

② 当你面对面试主考官，你会：

A．不仔细听主持人提问

B．坦诚，但力图表现出主动

C．嚼口香糖，吃糖果

D．看着自己放在膝盖上的双手

③ 当面谈结束时，你会：

A．不愿离去，除非他们告知结果

B．说再见，然后离开办公室

C．询问是否可以得到职位

D．愉快地离开办公室，相信自己的魅力

④ 申请职位中的几项任务对你来说是全新的，所以你问面试主考官：

A．什么时候开始工作

B．对这些特定领域提问，确认工作职责，同面试主考官谈谈如何用你的工作经验来适应这些任务

C．指出如果你得到这份工作，你会为什么而担心

D．担心你做不了这份工作，因为它和你以前的工作截然不同，请教面试主考官是否他们认为你能胜任这份工作

⑤ 你已经来到面试现场，下面哪些特性不会用来评判你：

A．守时、信心十足和首创性

B．受教育程度和首创性

C．经历

D．外貌、口头交流和你的目标

⑥ 以下选项除哪项外，都会使面试主考官不快：

A．迟到　　B．无力握手　　C．友好的目光接触　　D．犹豫不决

⑦ 下面哪个特征在面试中没有作用，请选择其中的一个：

A．适应性　　B．倾听　　C．实事求是　　D．强硬的态度

⑧ 你的面试主考官谈得很多，好像他们掌握了所有有关你的情况，你会：

A．希望他再读一下你的简历

B．用他们的表述，引出你的经验和知识

C．打断他们的讲话，提供有关你的信息

D．重复说：“太棒了，我们可以继续谈下去吗？”

参考答案：

① C 正确。了解了你去面试的公司，你就能按照他们的要求展示你的才能。

② B 正确。说实话，但展示你主动的一面，这会使你在面试中表现突出。

③ C 正确。表示你对这份工作的兴趣，余下的就让你应聘的公司来决定吧。

④ B 正确。在面试时，你要向面试主考官显示你能做些什么，如果你在面试前有问题，你可以找顾问公司的代表或熟人询问成功申请此工作所需的技能，为面试做一定准备。

⑤ C 正确。经历是非常重要的，但你已来到面试现场，经历已被面试单位确认。

⑥ C 正确。好的目光交流展现你的自信，可以把它作为你的有利条件。

⑦ D 正确。这是适应性的反面。

⑧ B 正确。用他们的话题来引出你的资格和才干，把他们讲的和你的背景、经历联系起来，可熟悉面谈主持人，在面谈前就设法了解他们，做点准备，确保面谈成功。

第七章 就业心理与就业观

知识与能力目标：

- 了解大学生就业心理的特点和就业心理准备
- 熟悉常见的大学生就业心理偏差及其调试方法
- 了解大学生就业观的常见误区

素质目标：

- 自觉培养客观公正、诚实守信、自信进取的求职心理品质
- 树立正确的就业观

引导案例——树立自信，直面挫折

小周是某高校 2018 届的毕业生，学习成绩较好，连年获得奖学金，甚至还获得过国家奖学金。毕业前，他与同学们一起参加了几次招聘会，眼看同学们一个个“名花有主”，而他不但没有落实用人单位，而且有的用人单位还对他这个“优等生”冷言冷语，小周心里非常难过。

为什么会出现如此局面呢？小周经过分析，认为找到了原因，比如他个子矮、长相不好；性格内向，不善言辞等。总之，他认为自己除了学习好之外，再也没有其他优势了，而学习好又得不到用人单位的认可，他感到对不起含辛茹苦的父母，自卑感油然而生，害怕再到人才市场。即将毕业时，他没有再迈出校门，多数时间在宿舍睡觉或上网玩游戏。

小周因为学习成绩好，起初他对自己找工作是满怀信心的，但随着求职的失败，他开始找自身的原因，夸大了自身的不足之处，从而产生了强烈的自卑感，进而出现了求职恐惧。其实，小周从开始求职时就是比较盲目的，缺乏对就业形势和具体用人单位的了解，也缺乏对自己全面客观的认识。小周在求职前，应该做好充分的准备，特别是对自我的正确认识。在出现求职挫折时，应进行及时调适，而不是自暴自弃。

（资料来源：https://www.docin.com/p-1862114706.html，有改动）

第一节　就业心理

一、就业心理的概念

就业心理是指在就业过程中，人们的注意力、兴趣、动机、情感和意志等以各种具体形式所表现出来的倾向性和能动性。

就业是大学生人生道路上所面临的重要转折，在毕业前做好充分的心理准备，注重就业心理的调适，对其求职就业是很有必要的。就业过程是对大学生心理素质的严峻挑战，良好的就业心理也是大学生在竞争时代必备的就业素质。

二、大学生就业心理的特点

大学生自身特点、个人理想及多元化的社会结构，使大学毕业生的就业心理出现了多样化，但也存在着以下共同的倾向性。

（一）成就动机水平高，但害怕面对现实

成就动机就是想把事情做好的动力，它与个人对自己的高要求、高标准有很大关系。大学生有着强烈的成就感，希望什么事情都能够做得比别人好，能够出彩，他们希望通过自己的努力换取别人对自己的尊重，取得相应的社会地位并实现自己的人生价值。由于大学生与社会接触不多，尽管有较高的人生抱负，但是对社会的了解和认知不够，初入社会时存在一定的畏惧心理，不愿意去面对复杂的社会现实。

（二）择业期望值高，但缺乏信心和竞争力

大学生认为从象牙塔里出来，自己就是社会的栋梁了。这种观点是从小学开始就被老师灌输的，这也成了中学生努力拼搏考大学的动力。这种思想并没有因为考上大学而有所改变，反而经过了几年的学习，更加认为自己是社会的有用之才了。于是，不少大学生的就业期望值特别高，希望能够找到一个非常好的工作平台去实现自己的抱负。但是真正走上工作岗位之后，才发现自己的素质和能力与现实要求存在明显的差距，突然变得不那么自信了。

（三）实现自身价值的愿望强烈，但缺乏艰苦创业的准备

随着社会的不断发展，当代大学生实现自身价值的愿望更加强烈、渠道更加多元化，需要自己去寻找实现人生梦想的平台。在这样的自由天空下，大学生要想实现自己的人生价值，必须要做好吃苦耐劳、艰苦奋斗的心理准备。

三、大学生就业心理准备

由于就业市场竞争异常激烈，许多大学生就业压力很大，备受就业问题困扰。充分的心理准备是解决就业问题的重要途径，毕业生应该从以下几个方面做好心理准备。

（一）做好角色转换的心理准备

对于绝大多数学生来说，大学生活相对单纯而有规律，在这样的环境里，容易滋生浪漫的情调和美好的理想，但与社会现实存在一定距离。

大学生活即将结束，大学生们也将由“天之骄子”转变为现实的社会求职者，这种身份的转变就是所谓的角色转换。大学毕业生要抛开浪漫和幻想，不能把学校、家庭、亲友及同学所给予的关心、呵护、尊重当成是社会的最终认可，而要认识到自己所处的真实地位和“严酷”的社会现实，及时地进行角色调整。只有这样，才能使大学生有充分的心理准备去应对激烈的就业竞争。

砥节砺行

大学时期所学的专业知识、技能是为个人适应社会需要、成为一名合格的社会主义建设者而打下的基础，是一个知识积累、储备的过程。而大学生也不是社会上的特殊群体，只是就业劳动大军中的普通一员。因此大学生应及时地进行角色转换和角色定位，积极主动地去适应社会需要，在选择社会职业的同时也接受社会的选择，自觉投身于择业者的行列，寻找适合自己的位置，正确地迈出人生关键的一步。

（二）正确认识自我，确立恰当的自我定位

世界上没有两片相同的树叶，不同个体之间的差异更是不胜枚举。每个人都有自己特定的气质、性格、兴趣、爱好、能力、特长，这些差异决定了适合自身的职业和职业发展方向的不同。全面了解自己的特点是选择职业的重要前提，作为一名求职者，只有在知己的基础上才能扬长避短，从而做出适合自己的求职决策。

科学认识自己最有效的方式是心理测试、测量。此外，通过与老师、家长、同学的交流，得到他们对自己的客观评价，也是一个有效的渠道。“尺有所短，寸有所长”，每个人都有自己的优势和不足，在自我认知的基础上，还要了解自己适合干什么工作，怎样的环境最能发挥自己的潜能。如果不顾个人的现实条件，一味强调个人的择业意愿，而不考虑工作所需，这样的人即使有才华也不一定被选中。所以，大学毕业生应当做好自我定位，及早做好职业生涯规划，脚踏实地地去实现自己的人生目标。

（三）正确的职业认识和评价

正像不同的人有适合自己的不同职业一样，职业对适合从事的人群也有要求。如从事推销、公关性质的职业，需要性格外向，有多血质或胆汁质气质特征的人，而在流水线上工作的人最好具有黏液质的气质特征。所以，大学毕业生需要对职业要求有一定的认识。

职业只有分工不同，没有高低贵贱之分。俗话说“三百六十行，行行出状元”，大学

毕业生最好不要将自己的职业选择限定在某个范围内，而是要根据社会需要和自身特点，摆脱轻视体力劳动或服务性劳动的传统思想，选择适合自己的职业，从而拓宽就业渠道。

此外，在择业时不能只考虑该职业的薪资水平、工作环境、地点等因素，更要考虑职业对自我发展的影响与作用，要在了解社会需要的基础上，树立重视自我职业发展、才能发挥、事业成功的职业价值观。要优先考虑那些虽然现在工作条件不好，但发展空间大、能让自己充分发挥作用的单位；重视那些现在经济发展水平不太高，但发展潜力大、创业机会多的工作地点。

砥节砺行★

大学生应当树立正确的职业观，通过多种途径客观评价将要选择的职业，在认识中形成适应我国经济社会发展和人才需求规律的合理的职业价值观，以指导自己正确择业。

（四）对严峻就业形势的心理准备

随着我国教育的发展，高等教育从“精英教育”过渡为“大众化教育”，人才出现“相对过剩”的现象。作为即将毕业走向社会的大学生，对目前的就业形势要有充分的认识，做好求职道路上可能会遇到艰辛和曲折的心理准备。

（五）就业后期望值与现实有差距的心理准备

大多数毕业生是怀着对未来的美好期望离开学校，走向工作岗位的。一帆风顺的成长过程可能使大学毕业生梦想着在社会这个大舞台也一展身手，实现自己的人生价值。但大学毕业生职业意识的缺乏和工作能力的不足，可能会使其受到领导或同事的批评或冷遇，从而失去心理平衡。

例如，部分毕业生将大学时期懒散的生活习惯带到工作中；好高骛远，大事做不好，小事不愿做；对工作挑肥拣瘦，拈轻怕重；工作责任心不强，敷衍了事，不能按时完成领导交办的任务；过于看重自我得失，不思奉献；缺少集体观念，对事妄加评论，造成不良影响；感到工资低，领导对自己不重视而牢骚满腹；业务不熟练，造成工作差错等。这些情况都可能使意气风发的毕业生受到批评或冷遇，感到冤枉、委屈。遇到这样的情况，有的毕业生能够冷静下来，分析原因，亡羊补牢，不断进步；但也有人一气之下“跳槽”走人，造成不必要的损失。

对于每一个人来说，以往的成败得失只能代表过去，新的起点需要重新开始，以自己的实际表现来赢得别人的尊重和信任。所以，大学毕业生要对期望值与现实的差距有一定的心理准备，宠辱不惊，不断完善、提高自己。

四、常见的大学生就业心理偏差及其调试

近年来，就业难度日趋增大，就业矛盾日益突出，给广大毕业生带来了巨大的心理压力。大多数学生能够正确认识就业形势，积极调整好就业心理。但也有部分大学生对自我认识不足，社会定位不准，在忙碌的择业、就业过程中出现了一些心理偏差，主要表现如下。

（一）焦虑心理

大学毕业生既希望谋求到理想的职业，又担心被用人单位拒之门外，担心自己在择业上的失误会造成终身遗憾，并对未来的职业生涯感到心中没底，因此在就业过程中存在一定焦虑心理，整天想着各种不必要的担心，造成精神上紧张、忧心忡忡、烦躁不安、意志消沉，甚至出现彻夜难眠的现象，行为上也表现得反应迟钝、手忙脚乱、无所适从，影响用人单位对其做出正确评价。

要克服焦虑心理，就需要打破事事求稳、求顺的想法，增强竞争意识。要知道求职过程本身就是一种竞争，就是一个优胜劣汰的过程，即使通过竞争找到了比较理想的职业，如果不继续努力，也还可能丢掉这份工作。而且有竞争就必定会有风险和失败，确立了竞争意识，就不怕风险和挫折，焦虑的心理必定能得到缓解。

砥节砺行

积极的竞争能够使人满怀希望，朝气蓬勃，克服惰性。在求职就业的过程中，大学生要敢于竞争、乐于竞争：一方面，要正确进行自我评价，不妄自菲薄、不骄傲自满，敢于通过积极的竞争去达到理想的目标；另一方面，要强化积极竞争意识，正视社会现实，转变观念，做好参加竞争的心理准备。

此外，毕业生还应改变自己择业心切、急于求成的思想，否则越急越容易择业失败，而失败的体验又会强化沮丧和焦虑的情绪。因此，要客观地分析自己，合理地设计求职目标，不盲目与他人攀比，更不应有从众心理，这样也会减轻焦虑的程度。

拓展阅读

肌肉张弛放松训练

取舒适体位坐好或躺好，开始训练：

第一步：深呼吸。请深吸一口气，然后慢慢地呼出，再做第二遍。

第二步：提眉。尽量提眉，然后放松，体会放松的感觉。

第三步：紧闭双眼，然后放松。

第四步：咬紧牙关，放松。

第五步：低头和仰头。尽量低头将下颌抵住胸口，然后放松；头尽量向后仰，然后放松。

第六步：缩肩和耸肩。双肩向前向胸部靠拢，然后放松；双肩向后肋挺胸，然后放松；再将双肩耸起，然后放松。

第七步：紧握拳头，紧握、再紧握，然后放松。

第八步：提肋。感觉肋骨上提，膈肌下降，胸腔扩大，呼气放松。

第九步：收腹，放松。

第十步：绷紧腿部肌肉，然后放松。

第十一步：翘足。尽量将脚尖抬起，然后放松。

第十二步：全身肌肉放松，体验放松的感觉。

通过肌肉张弛放松训练，可缓解或消除各种不良身心反应，如焦虑、紧张、恐惧、入眠困难等症状，达到心理平衡。另外，在应聘前有紧张或恐惧感时，通过深呼吸或一组、二组肌肉张弛训练，可以达到转移注意力，放松心情的效果。

（资料来源：https://wenku.baidu.com/view/c029045289eb172ded63b79c.html，有改动）

（二）攀比心理

有的学生在择业过程中常常存在攀比心理，往往以谁去了知名度高、效益好的单位，谁去了大城市或高层次部门来作为自己价值的评价标准，在择业时追求“三高”（即起点高、薪水高、职位高）。尤其是学习成绩稍好的学生，更是在心理上有“我不能比别人差”“我不能不如人”“过去我一切顺利，现在我依然会顺利”的想法，不从实际出发，不考虑择业时的各种综合因素，最终延误了时机，影响了就业。

大学生择业时要知己知彼，知己就是要实事求是地评价自己，对自己的气质、性格、特长等要有正确的认识，要明确自己想做什么和能做什么；知彼就是要了解择业的社会环境和工作单位，正确地认识面临的就业形势，了解社会需要什么样的大学生，即社会需要你做什么。

案例精选

可怕的攀比心理

小林是计算机专业的本科生，开始联系工作时有两家公司可供选择。一家是当地有名的房地产公司，试用期工资 4 000 元/月，转正后可达 5 000 元/月；另一家是软件开发公司，名气不大，公司设在远郊，交通不很方便，试用期工资 3 000 元/月，转正后可达 4 500 元/月，如果软件设计、改革建议被采纳，可以提成和获得奖金。

小林本来想去软件开发公司，认为这在专业上有很大挑战，但觉得同学找到的工作工资都在 4 500 元以上，而且单位名声也比较大，如果自己去了一个小公司，大家会认为自己没本事。于是，他最终选择了房地产公司，进公司后才发现其主要任务是打字、数据输入，这样的任务一般大专生就可以胜任。而自己学习的计算机网络和程序设计等技能都没有用武之地，他非常担心专业退化。

（资料来源：https://wenku.baidu.com/view/ead34918a9956bec0975f46527d3240c8447a1d4.html，有改动）

（三）抑郁心理

随着“双向选择”就业制度的确立，大学生承受的外在压力也就相应地增多、增强，择业过程中所遭受的挫折也必然比以前更大。有的学生在就业中受挫后不能正确调整心态，表现为不思进取、情绪低落，有的甚至放弃一切积极的求职努力，听天由命，严重时甚至对外界环境漠然置之，不与外界交往，对一切都无所谓，导致抑郁症发生。

对于抑郁心理，大学毕业生要认真学习、深刻领会择业政策；正视现实，正视社会，正视自身；降低自己择业的期望值；树立吃苦精神，到基层去，到真正能发挥自己才能的地方去；加速提高素质，培养多种能力，正确对待挫折。

（四）自负心理

这种心理是缺乏客观的自我分析和自我评价的表现。目前在大学生人群中，“先就业后择业再创业”的观念还没有完全建立，在就业时有较多学生总想一步到位找到满意的职位和工作。一些大学生对自己的评价过高，认为自己知识丰富、各方面条件不错，理所当然地应该能够得到一份理想的工作。这部分毕业生总是向往高薪水、高职位、高收入，即使找不到合适的单位，也不肯降低就业期望值。这种自负心理对就业的负面影响很大，常常使他们错失良机。

克服自负心理的核心是正确认识和评价自我，可以采取三种方法：一是社会比较，即将自己与社会上其他人做比较，通过社会上其他人对自己的态度来认识自己；二是自我静思，也叫自我反省，通过反省明确自己的专业发展方向是什么，自己的优势和劣势是什么，自己最适合干什么工作等；三是心理测验，根据自己的需要选择质量可靠的心理测验，如能力测验、人格测验、兴趣测验等，对自己的能力倾向、兴趣和性格进行客观评估，以帮助自己正确认识和评价自己。

案例精选

一再错失良机

小强是经贸专业的高材生，年年都得到一等奖学金，参加过英语演讲比赛，也获得了名次。他认定自己要进像某国际经贸发展有限公司那样的知名度高、工作环境好、待遇高的单位。他非常坦然地接受了英语面试，但是，最终因为他是工科背景而落选。后来得知一家工艺品外贸公司正在招聘，他顺利地通过了面试，但后来他觉得那个公司规模太小，还不规范，便放弃了这份工作。后来，当地一所民办学校招聘英语老师，待遇比较丰厚，他想先过渡一下。但是学校要安排他去小学部，他认为太大材小用，便拒绝了。许多同学都已经签了协议，他还在找工作……

（资料来源：https://wenku.baidu.com/view/73e1d0343069a45177232f60ddccda38376be18f.html，有改动）

（五）自卑心理

这种心理表现为对自己的评价过低，不能正确认识自己的优缺点。部分大学生由于在求职过程中屡屡受挫，对自身能力产生了怀疑；或由于来自非重点高校，或由于所学专业较冷门，对自己的前途持消极、自卑的态度。这种心理对于大学生向用人单位推销自我会产生一定的负面影响，进而影响他们顺利就业。

自卑怎么办

要消除自卑心理，首先，要能够正确地评价自己，纠正过低的自我评价；其次，正确看待自己的弱点和缺陷，并积极进行强化和补偿；再次，通过积极的心理暗示，增强自信心。

案例精选

自卑心理导致屡次择业失败

毕业生小刘学习成绩和其他条件都不错，在就业初期满怀信心。但由于专业冷门等原因，找过几家单位都碰了壁，结果产生了自卑心理，在后来的择业过程中表现越来越差，陷入恶性循环而不能自拔，以至于到了新的用人单位，只能被动地问人家："学某某专业的要不要"，其他什么话都不敢讲，最终未能落实就业单位。

小刘的失败是由于自卑心理在作怪。在择业遭受挫折后，一蹶不振，对自己评价过低，丧失了应有的自信心，择业时缺乏主动争取和利用机遇的心理准备，不敢主动、大胆地与用人单位交谈，也就不能很好地表达自己。越是躲躲闪闪、胆小、畏缩，越不容易获得用人单位的好感。

（资料来源：https://wenku.baidu.com/view/b08e0dda710abb68a98271fe910ef12d2af9a9e2.html，有改动）

（六）偏执心理

在就业过程中，偏执心理主要表现为追求公平的偏执、高择业标准的偏执和对专业对口的偏执。在就业过程中，大学生在面对一些不良社会风气时，有的学生不能正确对待，将自己就业的一切问题归结于就业市场不公平，给自己造成心理阴影；有的学生不能及时调整就业目标，降低就业期望值，甚至宁愿不就业也不改变；有的学生不顾社会需要，无视专业的适应性，只要不能从事与本专业相关的工作就不签约，这样的偏执心理必然会减少学生就业的机会。

克服偏执心理最根本的办法就是接受客观现实，调整就业期望值。在择业时要看得长远一些，学会规划自己整个人生的职业生涯，在当前获得一个理想职业的时机还不成熟的情况下，可采取"先就业后择业"的办法。

（七）依赖心理

有的学生缺乏必要的心理素质的培养，缺乏基本的自理自立能力的锻炼，致使他们养成强烈的依赖心理，当他们不得不面对就业时，常常不知所措，只是一味地依赖学校的联系、听从家长的安排。一旦希望落空，往往会产生极大的心理落差，甚至出现极端的行为。

依赖心理对毕业生适应社会是有害的，因为依赖的习惯会使人逐渐丧失自信、失去自我，以致不相信通过自己的努力会达成自己想要的目标。要克服依赖心理，毕业生首先要充分认识到依赖心理的危害，提高自己的动手能力，不要什么事情都依赖别人，自己能做的事一定要自己做，自己没做过的事要锻炼自己去做，通过行动上不断积累的成功来养成并强化自己动手的习惯。

案例精选

自主择业能力差

在学校举办的小型招聘会上，毕业生小李的父母在招聘会尚未开始时，就早早地到会场打听单位的情况。而小李却在招聘会开始很久以后才姗姗来迟，并全程在家长的陪同下与用人单位面谈。在面谈过程中，小李与用人单位负责人交谈的时间还没有其父母多，结果谈了一家又一家，最终仍一无所获。

（资料来源：https://www.docin.com/p-1997311074.html，有改动）

（八）从众心理

学有所成，在服务社会中实现自己的人生理想，是每一位即将走出大学校园的学子的美好心愿。但是，有部分大学生自我定位不够准确，对自己所学专业缺乏深入的了解，对专业的社会需求分析不透彻，并且缺乏一定的自我决断力。这样一来，他们很容易追随他人的脚步，只要是社会上受追捧的职业，不管是否适合自己，是否与自己的专业相关，都竭力去争取。这样的付出，往往只能收获“事倍功半”的效果。这种从众心理使部分大学生丧失了更多良好的就业机会。

从根本上说，在就业问题上要克服从众心理，一方面要认清自我，了解自己的价值观，弄清自己的优势和劣势，摆正自己的位置，根据自己的实际情况形成一种脚踏实地的务实态度，而不是盲目随大流。另一方面要适当表现自己，做回自己。表现自己，能帮助个体发现自己的特长和潜力；做回自己，重在自我的突破和发展，而不是强调与他人的统一。

砥节砺行

漫漫人生路上，我们每个人都是独一无二的存在，都能够在寻觅生命意义的过程中绽放专属的绚烂之花。我们不要试图成为第二个别人，而要努力成为更好的自己，只有丢掉思想包袱，选择真正适合自己的职业，才能在职场中有所建树，从而成就一番事业。

第二节　就业观

一、就业观的概念

年轻人谈就业观

就业观是人们关于职业理想、就业动机、就业标准的根本观点和看法，是就业者的世界观、人生观、价值观在就业问题上的集中反映。

就业观是大学生走向求职市场的思想先导，它支配着大学生择业的方向、定位和抉择。因此，树立正确的就业观能指导大学生在就业时做出理性、合适的选择。

二、大学生就业观的常见误区

初次面临就业的大学生，由于对自身及社会的认识相对缺乏，在就业观方面难免会存在一些误区，主要表现在以下几个方面。

（一）一次就业定终身

理性化、务实化的就业观是现代人求职过程中必备的条件。随着社会的发展，就业途径越来越多元化，日益细化的行业分工为大学毕业生提供了更多的选择机会。一次就业的观念已经跟不上社会发展的步伐，丢弃“铁饭碗”、抛弃求职一次到位的传统观念，是现代求职者应该敞开胸怀接受的。主动选择那些有挑战性、有风险的职业，将自己的职业目标、价值观、择业要求与客观环境结合起来进行思考、评价，规划职业生涯，努力开创属于自己的事业，才能大有作为。

（二）靠关系

能力、关系、财力、学历、相貌，是求职者目前总结出的“求职五大法宝”，其中“关系”排名第二，被求职者们认为是求职的“稀有资源”。靠关系的求职者普遍具有依赖心理，他们自认为家庭条件优越，不用费力便能找到稳妥、高收入的工作。殊不知，能力欠缺的人即使靠关系找到了好工作，但在实际工作中不能胜任本职工作，也是难以长久的。而且，很多不法者利用求职者找工作时的急切心理，打出帮人“找关系”的旗号，骗取财物。因此，寄希望于靠关系找工作的大学生应改变策略，从提高个人能力入手，自立自强。

想一想

你认为在能力、关系、财力、学历、相貌这“求职五大法宝”中，哪种因素是最重要的？为什么？

（三）天之骄子心态

自主择业给求职者提供了自由选择职业和公平竞争的机会。但是，一些高学历的求职者面对严峻的就业形势和激烈的竞争环境，对于择业的期望值相当高，表现出盲目的骄傲。他们过高地评价自己，对一般的职位不屑一顾，福利待遇好的大城市、政府机关、知名企业才是他们理想的去处。他们向往高职位、高薪水、高回报，一厢情愿地对用人单位提出各种要求，遭到拒绝时也不肯降低就业期望值。

其实，这部分人在工作岗位上也可能出现眼高手低的情况。在就业能力上，他们往往不如学历偏低但有从业经验的人。理想与现实是存在一定差距的，大学生只有放下身段，从基层做起，改变“高不成，低不就”的现状，杜绝偏执、自卑、虚伪等心理障碍的产生，才能矫正择业行为的偏差。

（四）大城市趋向

部分大学生择业时，认为要去就去沿海大城市。在他们看来，到大城市一定会有更多的发展机会，他们宁可到沿海地区或大城市改行，也不愿意在当地欠发达地区择业。他们很少考虑自己事业的发展和能力的发挥，更少考虑国家的需要。这样的毕业生往往忽略了在大城市生活的高成本和高压力。

三、树立正确的就业观

树立正确就业观的核心是坚持立足于社会的就业取向，即就业取向要以社会需要为重，以社会利益为前提，将职业理想建立在充分了解自己和社会的基础上，正确认识社会需要和个人价值的关系，把个人理想和价值的实现与国家利益紧密结合，以国家需要、社会需要和人民需要为重，认识到职业不仅是谋生的手段，更是为社会服务的工具。

（一）胸怀祖国、心系社会，以民族昌盛为己任

大学生是最有朝气、最有干劲的社会主义事业的高素质接班人，是建设祖国明天的优势群体。所以，在选择职业时应该树立从国家发展的大局和社会需要出发的爱国主义精神，要正确认识自己，要认识到自己是一个社会人，自己的人生价值是社会价值和自我价值的统一。个人对社会的付出越多，回报就越多；贡献越大，生命也就越有价值。所以，当代

大学生在储备知识、锻炼素质的同时，还要培养爱岗敬业、服务社会的就业观。在确立职业理想时，既要着眼当前，又要考虑长远，把职业理想与爱国情感相结合，与社会责任感和民族精神相结合，真正追求个人价值和社会价值的完美统一。这样，职业选择才体现出其先进性、社会性和时代性。

砥节砺行

爱国，是人世间最深层、最持久的情感，是一个人的立德之源、立功之本。孙中山先生说过，做人最大的事情，就是要知道怎么样爱国。我们是中华儿女，要了解中华民族历史，秉承中华文化基因，有民族自豪感和文化自信心。要时时想到国家，处处想到人民，做到“利于国者爱之，害于国者恶之”。爱国，不能停留在口号上，而是要把自己的理想同祖国的前途、把自己的人生同民族的命运紧密联系在一起，扎根人民，奉献国家。

（二）树立大众化的就业观

随着时代的变迁及科学技术的突飞猛进，高等教育大众化已是必然的趋势。大学生要想实现顺利就业，就要根据不断变化的人才市场状况，适时调整自己的择业方向和择业目标，要敢选择名气不大但又有发展前途的中小企业和私营企业，灵活地“先就业”。

大学生要把心态放平，放低眼界，客观地认识市场，根据人才市场的需求，及时调整心态，找准自己就业的社会定位，降低就业期望值，降低对薪酬的期盼和对大公司的热望，树立大众化的就业观。

（三）从基层做起，重视锻炼，相信“后劲”

大学生都怀有远大的职业理想和抱负，“精英”教育的观念很强，就业观念与社会用人单位的需求不相符，从而增加了大学生就业的难度，这一方面抑制了用人单位对劳动力的吸纳，另一方面也是造成局部地区和局部行业人才过剩的原因之一。究其更深层次的原因，就在于大学生的主观意识和自身的客观条件相互矛盾，即“精英情节”深深地束缚了他们的观念。这种情节虽然在淡化，但它的淡化速度却没有赶上高等教育大众化的普及速度。中国家庭根深蒂固的“望子成龙、望女成凤”思想和社会上“上大学＝成功＝社会精英”的观念仍对大学生“精英情节”的“泛化”起着作用，进而使得大学生产生了过高的工作期望值。

但是，由于高校扩大招生规模，所以培养出来的大学生不可能都是各方面能力都非常出色的“精品”，所以，大学生应该正确定位自己，同时要了解不同行业对人才的要求和行业性质。要树立“千里之行，始于足下”的就业态度，从基层做起，在工作中通过实践锻炼加强对自己业务能力的培养和工作经验的积累。此外，大学生还应该用发展的眼光去选择自己的事业，放弃那种“捧着本科文凭去当业务员，不划算、不甘心”的态度，要相信自己可以比别人发展得更好，因为你的学历已经证明了你的发展潜力，只要能去挖掘，肯定会有“后劲”。

（四）全力打造自己，用实力说话，讲求诚信

作为大学生，为了在完成学业后能够顺利地在社会中找到立足之地，能更好地为祖国建设一展才华，就应该从自己步入大学的那一刻起，努力学习专业知识，不断加强专业技能锻炼，夯实专业基础，掌握驾驭生活、驾驭社会的本领。同时要广泛猎取各方面的知识，扩大视野，以增强适应工作的能力。要树立“实力是最好的自我推销语言”的信念，避免以下两种状况出现：① 上学期间避重就轻放松了学业，到毕业时开始制作假简历、假证书，自我吹嘘；② 企图利用社会上的腐败因素，通过“非常渠道”去获得工作。实践才是检验本领的试金石，任何其他行为都是站不住脚的。所以，我们应该做一个市场相信、单位认可的，既看重实力又讲求诚信的社会主义劳动者。

（五）把心态清零，坦然就业

在市场经济条件下，毕业生就业实行了双向选择，毕业生和用人单位一样，有了自主选择的权利。但在选择过程中，大学生的顾虑多了起来，影响了他们的就业择业。所以，大学生在选择职业时，一定要把心态清为“零状态”，只考虑可以选择的职业而排除其他一切干扰，放下自己“大学生”的身份，放弃自己在亲人、熟人面前的“面子”及社会地位等。

大学毕业生应首先视自己为一个社会劳动者，然后再客观地去审视自己的专长、专业水平、个人特点、优缺点，以及自己更适合做什么、有多大的发展潜能，最后在比较之下选择一个最佳结合点，并立足于自己所选择的职业，以务实的精神去做出成绩，创造出更大的价值；而不应与别人横向攀比，盲目追求优厚的待遇、优越的工作环境等。如果不顾自己的实际，盲目追求社会地位和虚荣心的满足，而忽视人生价值的实现，就会与机遇失之交臂。

（六）面向西部地区，面向基层

东部发达地区人才众多，而西部地区人才相对缺乏；大中城市人才竞争激烈，而中小城镇等基层单位求贤若渴是不可否认的事实。在这种形势下，大学生往西部、下基层寻找就业机会，应当是一个明智之举。其实，西部地区、基层单位为吸引人才，也采取了各种措施，为大学毕业生提供了很多优惠条件，并且国家的西部大开发战略也为西部的发展创造了难得的机遇。另外，国家为了实现整体发展，必定会在政策、物力、财力上给予西部

及基层极大的支持。到西部就业，身处相对艰难的环境中，可以锻炼自己，而且由于西部及基层就业竞争不是太激烈，对个人来说机会会更多一些。

榜样力量

青春做伴，西部放歌——走近扎根西部建设边疆的大学生们

“在新疆扎根是我一生中最坚定的选择。”来自青岛的丁贵阳这样说。这个毕业季，中国石油大学（北京）克拉玛依校区的丁贵阳和117名同学一起，决定留在新疆、建设新疆。

丁贵阳说，对于资源勘查工程专业的学生来说，地质构造复杂的新疆大地是最好的实践场。“留在新疆，为国家探矿，为祖国献石油。我愿意担负起这一光荣使命。”

西部艰苦，西部同样大有可为。因为理想、因为牵挂、因为想把自己奉献给让老百姓幸福的事业，辽阔神秘的西部，成为越来越多有志青年的择业选择。

马立多年前就有一个支援西藏的梦。2014年，马立从太原师范学院毕业后，毅然参加西部计划，来到雪域高原。两年志愿时间，他与农牧民同吃同住，发起多项公益活动。其中，他发起成立的“拉萨市林周县爱心中转站”，共计发放衣物百万余件，与30余名孩子进行了一对一的爱心帮扶。

两年期满，马立做出决定，扎根西藏。“我和当地农牧民百姓已经建立了深厚的友谊。一走了之工作不就归零了吗？”如今，马立已成为拉萨市林周县阿朗乡人民政府的工作人员。阿朗乡曾经是孔繁森同志奋斗过的地方，这让马立倍感荣耀。

马立不孤单。数据显示，截至2019年底，全国累计招募39.2万名高校毕业生参加“三支一扶”计划，近80%的期满人员继续留在基层工作。截至2018年底，共有29万余名西部计划大学生志愿者深入中西部2 100多个县市区旗服务基层。

对于很多高校毕业生来说，选择西部，意味着选择了远方。而对于另一些家在西部的大学生来说，到西部基层去，则是走出重重高山后的回归。

毕业于中国科学院北京纳米能源与系统研究所的工学博士赵坤，2018年毕业后选择回到了家乡甘肃，现已成为兰州理工大学青年科研骨干。“假如我们自己都不愿意回来，别人就更不愿意来了。”赵坤说，对于我来说，放弃待遇和环境更好的东部，回到西部，才是最正确和无悔的选择。

来到、留下、扎根，高校毕业生们正为西部建设注入不竭力量。“这些大学生的到来，为基层补充了大批急需人才，有效缓解了当地人才短缺现状，为我们提供了重要的人力资源和建设力量。”共青团西藏自治区委员会权益志工部刘传磊说。

（资料来源：http://m.xinhuanet.com/2020-08/10/c_1126350121.htm，有改动）

（七）树立自主创业的思想

高等教育从精英教育向大众化教育的转变，使大学生的就业压力越来越大，开辟新的就业渠道，走自主创业之路，是当前大学生就业的新思路。

大学生应该从在校期间就树立创业意识，转变“找工作”的单一就业思维模式为“让工作找我”的观念。但后者并非强调凭自己的知识在家静等，而是要充分发挥自己的特长和兴趣，发挥自己的知识、技能的作用，将自己的聪明才智和奋斗精神相结合，去开拓新的领域，创造就业岗位、创建自己的事业。大学生自主创业，一方面可以增强大学生的动手操作能力、组织协调能力、心理承受能力、团队合作精神和社会适应能力；另一方面，创业成为了解决大学生就业的一个比较现实的选择。现代大学生创业已经不仅仅是为了获取财富，还融入了更多的作为社会人应承担的责任。

大学生进行创业探索，道路不可能一帆风顺，在碰到挫折和困难时，要灵活地调整自己的策略，不应轻易放弃、轻易言败。创业比想象的要辛苦得多，但欢乐与收获也正在其中，人生的价值也正是通过它来实现，只要坚韧不拔，相信大学生一定会成功择业并就业。

拓展阅读

互联网时代需革新就业观：创业是就业之源

尽管眼下中国就业市场的人口红利已经没落，但是随着互联网的出现、电子商务等新兴行业的崛起，中国的就业市场正在发生翻天覆地的变化。

国家商务部发布的《中国电子商务报告》指出，电子商务作为战略性新兴产业，已经成为促进就业的主要途径之一。据 CNNIC（中国互联网络信息中心）《第 34 次中国互联网络发展状况统计报告》，截至 2014 年 6 月，我国网络购物用户规模达到 3.32 亿，较 2013 年底增加 2 962 万人，其中手机支付成为网络应用发展最大的亮点。

庞大的网购数据正是电子商务发展的蓝海所在，它开创了更多的就业和创业机会。尤其是在创业方面，随着互联网技术的渐趋成熟，只要稍微懂点互联网的人即可网上开店创业。这种创业方式成本低廉，只要一台电脑、一间小屋。正是它的低风险性令众多白手起家的创业者敢于放手一搏。如果创业初期试水成功，就能获取互联网带来的丰厚利润。

所以，电子商务成了解决就业问题的好出路。在互联网时代，只有革新自己的就业观念，突破“就业＝求职”的观念桎梏，才有可能解决自己的就业难题。

（资料来源：http://www.sohu.com/a/20281713_137131，有改动）

（八）树立终身教育培训观

“学业”和“技能”是求职就业的基础和前提。应该说大学生在这一方面比一般人有优势，但从大学专业设置来看，有些专业分类过细，社会对这种细化专业的要求是有限的，尽管教育部 1998 年对高校专业设置做了大的调整，但完全适应现实社会需要也有一个过程；其次，大学生在校期间所学的主要是基础知识和专业知识，与实践运用有一定的距离；再次，从社会的发展进步来讲，由于边缘学科、交叉学科的广泛兴起，需要有更广博的知识面，仅凭所学专业是不够的。因此，大学生不仅在学校里要尽可能拓宽自己的知识面，提高自己的综合素质，以适应未来严峻的就业形势，同时还应树立起终身接受知识教育和技能培训的观念，只有不断地“充电”，才能占据主动地位。

（九）倡导“从业就是就业”的观念

一般来说，刚毕业的大学生就业期望值都是比较高的，而这一群体又是就业大军中工作经验和经历都比较缺乏的。而最受用人单位青睐的正好是有各种经验的“跳槽者”，因为他们有经验，也有学历，可以在某一岗位上独当一面。这不仅为用人单位节省了员工培训及业务引导的成本，并且能很快为用人单位创造价值。而应届大学毕业生显然达不到这一标准，因此，大学毕业生想一步到位进入自己所希望的单位和岗位，难度是很大的。

在社会劳动力供给大于需求，大学生就业困难的现状下，大学生转变就业观，调整就业期望，由此拓宽就业渠道，树立“先就业、后择业；先生存、后发展”的观念已显得非常重要。在机关、事业单位、国有企业工作才算就业的旧观念，“挑肥拣瘦”地寻求职业，宁可待业也不愿降低求职门槛的做法显然与时代形势相悖。大学生只有根据自身条件，采取先就业后择业、临时就业、短暂就业、承包就业、兼职就业或自主创业等灵活就业的方式，才能走出就业困境。

实践拓展

1. 结合自身实际情况，谈谈如何保持积极、健康的就业心理。
2. 结合自身实际情况，谈谈大学生如何树立适应社会的大众就业观。

第八章 角色适应与发展

知识与能力目标：

- 了解进入工作岗位前需做哪些准备
- 明确大学生与职业人员的不同角色
- 了解新的职业环境并做好应对准备
- 了解新的工作岗位中应注意的事项

素质目标：

- 自觉强化职业意识，提升职业素质，锤炼职业精神
- 树立团队精神，强化团队意识

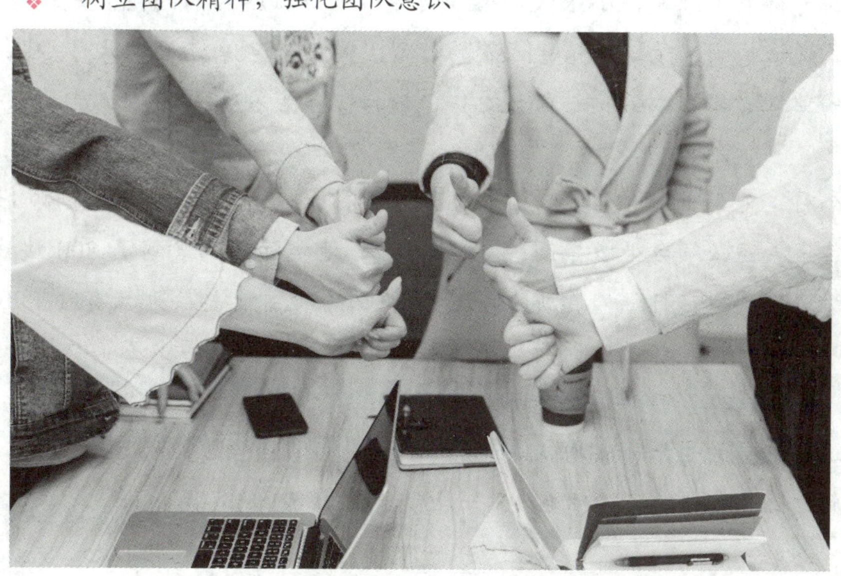

引导案例——脚踏实地，走稳求职第一步

2014 年 6 月底，23 岁的小张大学毕业了。顾不得吃散伙饭，小张跨上自行车“飞”出校门。他已经找好了工作，便迫不及待地去适应新的身份——销售经理。可是在这个新的工作岗位上，他只待了 3 个月，之后便开始马不停蹄地换工作。

从南京到常州，再回南京，两年多的时间里，他一共换了 9 份工作，平均 3 个月跳槽一次。小张学的是国际贸易，在他所换过的 9 份工作里，有 6 份都是销售代表职位。

毕业前心急如焚

小张来自常州农村，4 年大学生活，他花光了家里的全部积蓄。

进入大四后，他就不停地进出大大小小的人才市场，可是他想要的工作一份也没有得来。“毕业前一个月，身上还有 1 000 多块钱。我不想自己毕业后还伸手向家里要钱。”小张说。

毕业前最后一个月，小张接到了一家电脑销售公司的电话，要他去上班，职位是销售代表。“我当时想都没想就答应了。没办法，我那时真的是只热锅上的蚂蚁，无论什么工作都干。”小张说，“现在想想，就是因为草率地入职，才导致自己变成了一棵无根的浮萍。”

无法适应新工作

“职位：销售代表，底薪：800 元，培训一个星期内无工资。”这就是小张的第一份工作。因为得来不容易，小张做得格外卖力。可是腼腆内向的他，平日连见了老师都不愿意多说话，一下子进入销售代表的行列，简直是“像进了地狱”！小张说，第一个月，他的业绩是零。“名片收了一大堆，电话打得耳朵麻，可是就是没人愿意做我的生意。”

第二个月，他的业绩依然为零。“进了这个圈子，我才知道，光有诚心诚意是没用的。销售代表还必须会很多东西。”两个月后，他实际上只拿到了 800 块钱。“公司规定，业绩达不到规定标准，底薪减半”。而这时，他身上总共也只有 1 000 块钱了。“租房每月 300 元，吃饭每个月再节省也得 300 多元，工作后少不了打扮一下，添置点东西。”

虽然过着这样的生活，但每次打电话回家，小张还是报喜不报忧。小张说，好多次妈妈要来看他，都被他坚决拒绝。3 个月后，小张终于决定离开。

不小心受到排挤

他的第二份工作依然是销售，卖一种电子产品。之所以再次选择销售，是因为这家公司开出的底薪是1 000元。因为产品价格相对较低，小张开始慢慢做出业绩了。第一个月，他的销售额是53 000多元。“我记得特别清楚，拿工资的那天好兴奋，虽然只有2 000多块钱，可这是我自己亲手挣来的。”

这时，他的上司却开始寻找各种理由刁难他。“有一次部门聚餐，他想方设法把我以前3个月没业绩的经历说了出来。其实这件事是我当初走投无路时说给他听的。”这个刚出校门的愣头青压根没想到这会成为被攻击的借口。年轻气盛的小张忍受不了，4个月后愤而辞职。

这次辞职之后，小张回了一次老家，给了父母3 000块钱，自己留了2 000元继续上路。

像一棵无根浮萍

原本以为自己积累了足够的销售经验，可以大显身手了，可是小张没有想到，在2015年，他足足换了5家单位。先是到一家汽车销售公司，可是刚刚上了一星期班，就被公司以“语言表达能力欠佳”为由辞退了。随后他又把自己狠狠装扮了一番，想去做传说中暴利的“传销”。在这个岗位上，他倒是做了两个月，却发现这是一个陷阱。

2015年4月，濒临崩溃的小张选择回老家。依靠亲戚的关系，他进了一家超市做仓管小组长。“每天穿上工作服，跟装卸工人打成一片，我有点恍惚！”尽管小张对这份工作不满意，但是这也是他干的时间最长的一份工作。2015年11月，小张带着工作半年赚的6 000多元工资离开了小县城，重新回到了南京。

小张说，再次站在熟悉的街头，他有点茫然。找到以前的朋友借住下来后，他就开始忙着找工作了。那个冬天，小张的工作从销售到管理，再到医药代表。到2016年7月，他先后又换了几次工作。

渴望稳定下来

“突然间发现自己好失败！”小张说，原本以为自己走来走去，积累的经验足以让用人单位刮目相看，可是到后来，他的“经验”却成了企业诟病的理由。“企业要经验，可是我毕业的时候没有；等我有了很多经验了，那些人力资源经理开始谴责我不忠诚！”

小张说，在学校时，老师给他灌输的理论是先就业再择业，美其名曰“骑驴找马”。可是企业却截然相反，没有一家单位愿意要频繁跳槽的人。“别人跳槽是越跳越高，薪水跟着涨，可是我跳了这么多次，现在薪水依然不到3 000元。”

如今，小张在一家工程公司做项目主管，2016 年 8 月刚刚上任。“我希望自己能稳定下来，当初应聘的时候，老总也跟我谈过，希望我能安心地学点东西。”小张说，两年多的时间里，自己为年轻和冲动付出了代价，交足了学费。

（资料来源：http://learning.sohu.com/20061203/n246767415.shtml，有改动）

第一节　转换角色

人的一生经历着多次不同社会角色的转换。大学毕业走向社会，就是一种典型的社会角色转换，这个转换在其一生中十分重要。大学毕业生能够顺利地实现角色转换，可以促进大学生尽快地适应新的环境，缩短磨合期。

一、大学毕业生进入工作岗位前的准备

刚从大学毕业，将要进入工作岗位的大学生，应做好以下准备工作。

（一）心理和态度准备

有的大学生缺乏社会阅历和工作经验，到一个新岗位后，往往需要很长时间才能适应。如果其在就业前就清楚了解自己的知识技能，能够放低身段，树立“从小事做起，从学徒做起”的思想，就能更快地适应新的工作岗位。

（二）技能准备

很多公司都要求新员工掌握一定的英语和电脑技能。在当今社会，无论什么岗位，英语听说读写能力越强，获得好的职位和晋升的机会就越大。在公司里，电脑操作是必不可少的，一般的 Word 文档编写、PPT 编辑、Excel 表格制作是最基本的要求，所以大学生在校期间应该熟练掌握这些技能。

（三）身体准备

有了健康的身体，才能更好地工作。所以，大学生应改掉不良的生活习惯，如沉迷游戏、熬夜等。此外，加强锻炼、增强体质，也是非常重要的。

（四）为人处世的准备

早在两千多年前，孔子不仅极力推崇“知者乐水、仁者乐山”的个人信条，而且在“自省、克己、忠恕、慎独、中庸、力行”六个方面也给后人以深刻的教诲和警醒。对于习惯

把自己定位于“天之骄子”的大学生，学会为人处世是非常重要的。

（五）情感处理的准备

爱情与婚姻对个人的事业发展有很大影响。无论是已经有男女朋友还是孤身一人进入工作岗位的大学毕业生，如何处理好情感问题，如何协调好爱情与工作、朋友与同事、家庭与事业的关系，将是伴随一生的课题。

（六）服装、服饰的准备

准备参加工作的大学生要特别注意自己的衣着打扮。女生一般要准备至少三套职业套装，每天把头发梳理整齐，最好化淡妆；鞋子款式尽量简洁，最好走路不会发出声音，以免走动时影响其他同事。男生最好有两件不同颜色的净色衬衣和一套西装；头发不能太长，最好不要留太新潮的发型；除了手表，男生最好不要佩戴手链、项链、戒指等首饰。

二、实现从大学生到职业人员的角色转换

角色对于每个人来说都是相对的，人们总是扮演着各种不同的角色。例如，大学生在学校对教师而言是学生，在家里对父母而言是子女，在社会对商店营业员来说是顾客，但其主要任务是学习，因此大学生在社会中扮演的主要角色便是学生。

每个人在社会中扮演的主要角色并不是固定不变的，往往会发生多次角色转换。角色转换的根本变化是社会权利和社会义务的变化。大学生圆满完成学业，走向社会，开始新的工作，承担新的任务。从求职成功起，他们由原来的学生角色转变为一个新的社会角色——职业人。

（一）大学生角色与职业角色的区别

社会角色由角色权利、角色义务和角色规范三要素组成。角色权利就是角色依法享受的权益，或应取得的精神和物质报酬；角色义务就是角色的社会责任；角色规范就是社会提供的行为模式。学生角色与职业角色的根本区别就在于角色权利、角色义务和角色规范的不同，如表 8-1 所示。

表 8-1　学生角色与职业角色的区别

	学生角色	职业角色
角色权利	接受外界的给予，即接受和输入，主要是依法接受教育，并取得经济生活的保证或资助	依法行使职权，开展工作，运用自己的知识和能力向外界提供劳动，即运用和输出，要求结合实际创造性地发挥能力，并在履行义务的同时获得报酬

（续表）

	学生角色	职业角色
角色义务	学好科学文化知识，掌握为人民服务的本领，使自己德、智、体全面发展；整个角色过程是一个受教育、储备知识、锻炼能力的过程	以特定的身份去履行自己的职责，依靠自己的本领或技能去为社会和他人服务，完成某项工作
角色规范	主要反映在国家制定的《大学生行为准则》和各学校制定的《大学生手册》之中，告诉学生怎样做人、如何发展等。因为学生是受教育者，在违反角色规范时，主要还是以教育帮助为主	对职业角色的规范因职业的不同而不同，但肯定是比学生角色更严格，违背了就要承担一定的责任，甚至是法律责任

（二）从大学生角色到职业角色的变化

1．活动方式的变化

从学生到职业人的转变

学生以学习知识为主要活动。长期以来，学生角色使大学生处在一种接受外界给予的位置；而职业角色则要求运用自己的知识和能力向外界提供自己的劳动。这种从接收到运用、从输入到输出的转换是一种重大活动方式的改变。接受和输入主要是要记忆和理解，运用和输出则要求结合实际创造性地发挥，因此，有些毕业生，甚至是学习成绩优秀的佼佼者也会感到一时难以适应。

2．社会责任的增强

学生的主要社会责任通常体现在学习过程中的责任心；而职业人员的社会责任体现在对工作对象的责任中，他们的不负责将直接给社会造成损害。例如，学生学习得好不好往往被说成聪明与否，即使不肯用功，也常被看作个人和家庭的事；而职业人员工作质量的高低不再被简单地看作个人的事，往往要从其对社会责任的角度加以评判。商业人员在服务中对顾客冷漠，就会引起人们的不满和反感，甚至遭到公共舆论的尖锐批评，人们不会将其与学生上课时心不在焉、说话幼稚相提并论。学生走上工作岗位后，社会将以一个职业人员的评价标准来对其提出要求。

3．全面独立的要求

这种独立性的要求是和经济生活的独立同时开始的。学生在经济上主要依靠家庭的资助，进入职业生涯以后，有了劳动报酬，经济上逐步成为独立者。经济上的独立使得家庭和社会向其提出了全面独立的要求，即工作上能够独当一面，学习上自我发展提高，生活上自己照顾自己，在社会关系上充分履行自己的责任等，这种全面独立的要求一方面为青年的发展和自身完善提供了更广阔的空间和自由度，另一方面也对青年提出了自力更生、加强自我管理的人生新课题。

对于多年来习惯于依赖教师和家长指教扶助的学生来说，这是一种新的挑战。较快地适应独立的要求，对自身的发展和事业上的成功无疑会带来有利条件。

（三）自觉加快角色转换速度

学生角色向职业角色的转换是一个艰苦的过程，需要坚持不懈的努力。毕业生从踏上新的工作岗位起，就要自觉主动地促使这种转变的进行，尽可能快地完成转变。在角色转换过程中注意以下几点。

1. 正确认识新的角色

转换角色首先要了解新的职业角色的性质、社会意义、工作要求、劳动条件、行业规范（包括技术规范、职业道德、纪律等），从思想感情上重视它、接受它、热爱它。应当确信，一个人只要具有良好的综合素质，富有进取精神，无论在什么行业，都会干出成绩。“三百六十行，行行出状元”，在不同的行业里，一批批的事业成功者名扬四海，一个个的碌碌无为为者屡见不鲜，其关键在于个人。

2. 安心本职，脚踏实地

刚走上工作岗位的毕业生应尽快从大学的学习生活模式中解脱出来，尽快全身心地投入到新的工作中去。许多毕业生工作几个月后，还不能静下心，不安心本职工作，这对角色转换的实现是十分不利的。多数职业都有一定程度的重复性、单调性，使人感到机械化，没兴趣。应当明白，一名新职工往往都是先安排在基层工作，干一些简单的事务性工作，只有当你适应了单位的运作，并被上司发现你有更大的潜能时，才会安排你承担比较复杂而富有创造性的工作。因此，开始工作时务必脚踏实地，尽快适应。

3. 虚心学习，勤于思考

事实表明，一个人在学校学到的东西毕竟是有限的，大部分知识和能力仍需在工作实践中学习、锻炼和提高。尽管毕业生在校期间已经学到了一定的知识，但在陌生的职场中还是新手，一切都要从头开始。因此，毕业生要根据岗位工作的实际需要，通过向有经验的技术人员、领导、师傅、同事请教和自学，补充一些实践知识和技能，尽快地熟悉有关业务，掌握和提高观察问题、分析问题、解决问题的方法和能力，早日胜任本职工作。

完成本职工作是每个职工应当达到的起码标准，但是要想使自己的工作卓有成效，依靠这点还不够，还需要发挥才智、开动脑筋、勤于思考。勤于思考，就能发现问题，并运用自己所掌握的知识去解决问题；勤于思考，才能真正掌握职业对象的内部规律，提高工作质量和效率；勤于思考，在工作中才会有自己的见解，逐步具备独立开展工作的能力，为进一步发展创造良好条件。

4．甘于吃苦，乐于奉献

有的大学生缺乏吃苦耐劳的精神，在工作岗位上拈轻怕重，怕苦怕累，斤斤计较，一遇到困难便退缩避让，时常抱怨“工作劳累，工资又低”，总想舒舒服服、轻轻松松地获得高薪报酬。要知道，甘于吃苦是角色转换的重要条件，只有甘于吃苦，才能面对现实，克服在角色转换过程中遇到的种种困难，及时进入角色。

乐于奉献是完成角色转换的重要标志。毕业生走上工作岗位后，应当从一开始就严格要求自己，树立主人翁意识，增强社会责任感，培养积极奉献的精神，不计较个人得失，勤勤恳恳，任劳任怨，努力承担岗位责任，促使自己更好、更快地完成角色转换。

三、建立和谐的人际关系

人际关系是各种社会关系以实现的基础，是人与人直接联系的媒介。不少走上工作岗位的毕业生不重视人际关系，处理不好人际关系，以致影响职业发展。

（一）建立和谐的人际关系的意义

1．尽快消除陌生感，适应新环境

毕业生到工作单位后，父母、亲人远在他乡，同学、朋友各奔东西，生活和工作环境发生了很大变化。如果毕业生一开始就注意建立良好的人际关系，主动交往，热情待人，豁达处世，尽快与大家融为一体，便可顺利打开局面，消除陌生感，摆脱孤独的笼罩，顺利度过适应期。

2．促使工作顺心，生活愉快

人际交往能协调人们的行动，避免冲突，提高工作效率。当你对工作还不熟悉的时候，有人会热情地给予帮助；当你工作之中不慎失误的时候，领导、同事会理解、安慰并及时指导；当你在工作和生活中遇到困难时，朋友会给你温暖和帮助，给你信心和勇气。良好的人际关系能让你感受到集体的力量和他人的关爱，觉得自己生活在文明的群体里，不断地从中汲取营养，充实自己，高效而愉快地工作与成长。

3．保持心情舒畅，心理健康

人际关系的适应是人类心理适应的重要内容。人际交往对个人身心健康十分重要，通过彼此的交往，可以增进情感交流，在心理上产生亲密感和归属感。尤其是当人处在危急、孤独、焦虑的情况下，特别需要人际沟通，消除负面情绪造成的心理压力，以保持心理健康。

一些毕业生工作后感到不顺心，其中一个原因就是人际关系紧张。同事之间相互猜疑，工作中矛盾丛生，在心理上与大家产生隔膜，思想包袱沉重，时间久了，孤独郁闷，愁苦不堪。良好的人际关系可以消除隔阂，打破封闭，使大家处于一种相互理解、相互尊重、

平等友好的关系之中，不必相互提防，从而保持心情舒畅、身心健康。

4. 增进团结，有利发展

良好的人际关系是团结、发展的基础。人际关系状况从一定程度上反映出一个单位的精神文明状况，显示其是否具有团队精神和凝聚力，也决定了其发展的潜力。人际关系好，这个单位就团结，同事之间、上下级之间齐心协力，工作高效而愉快，每个人都能最大限度地发挥自己的才能，实现自我价值的同时也促进集体的发展；反之，必然造成集体内耗严重，涣散无力，抑制每个成员的工作热情，削弱大家的积极性，降低工作效率，阻碍个人及集体的发展。良好的人际关系需要每个人的奉献和努力，只有大家都为集体添砖加瓦，才会形成整个单位和谐的人际氛围，利于团结，利于集体团结与发展。

（二）如何处理好与同事的关系

谁更会“聊”？职场社交真相大揭秘

同事之间是天然的合作者，又是客观的竞争者。这种微妙的关系，必然使人产生既渴望合作又警觉竞争的复杂心理。要想与同事建立良好的人际关系，需注意以下几点。

1. 尊重他人

尊重他人包括尊重他人的人格、习惯与价值观，承认人际交往双方的地位平等。尊重是相互的，只有尊重他人的人，才能得到他人的尊重，也才谈得上自尊。毕业生到了新单位，尽管每个人秉性各异、爱好不同，但每个人都是自己的老师，因为他们有丰富的工作经验和娴熟的业务技能，因此，要像尊重老师那样尊重他们，尊重他们的劳动和劳动成果，尊重他们的人格和感情，尊重他们的习惯和价值观。

对人的尊重，不以财富的多少、年龄的大小、分工的不同而有所区别。不嘲笑歧视他人，不以己之长比他人之短，谦虚待人。如果自满自大，轻视他人，就会损伤他人的自尊心，造成人际关系的疏远。尊重他人的同时也尊重自己，才容易建立和谐的人际关系。

2. 平等待人

人们在职务、能力、才学、气质、性格等方面的差别是客观存在的，但在人格地位上是平等的。在工作单位中，应当以平等的态度对待每一个同事。不要以职务的高低、权力的大小来决定对待他人的态度；不要亲近一部分人，故意疏远另一部分人；不要认为某人对自己有用就与其打得火热，暂时无用就避而远之；不要见了领导就低三下四、满脸堆笑，见了群众就“置之不理，冷若冰霜”；不要拉帮结派搞小团体，而应该尽力与所有同事发展平等互助的友好关系。

3. 诚实守信

诚实就是真心实意，实事求是，表里如一，不三心二意、口是心非，不当面一套、背后一套。诚实是做人的基本要求，也是建立良好人际关系的重要条件。守信就是恪守信用，言行一致，说到做到，不做语言的巨人、行动的侏儒。

在人际交往中，只有诚实守信，才能相互理解、接纳与信任，在感情上引起共鸣，使交往得到巩固和发展。即使发生了一些误会和矛盾，只要诚实守信，彼此真诚意善，误解也会烟消云散，矛盾也能冰雪消融，实现互相谅解，和好如初。

4. 律己宽人

律己，就是以各种道德规范和行为准则严格要求自己；宽人，就是宽以待人、宽厚包容。在现实交往中，虽然确立了平等友好的人际关系，但仍然存在着许多矛盾和不和谐的地方。“金无足赤，人无完人”，我们正确地对待自己和他人，坚持以严格的规范要求自己、宽容的态度对待别人，就一定能建立和谐的人际关系。当自己受到委屈或误解时，要胸怀宽广，克制自己的情绪，冷静处理。当工作出现失误或过错时，更要勇于剖析自己，承担责任。别人做错了事或出现失误时，要善意地指出，多一些帮助、关心，少一些指责。

（三）如何处理好与领导的关系

领导对下属的职业发展和职位升迁有裁决权、评判权，处理好与领导的关系是十分重要的。与领导相处，不要只为了“套近乎”“留好印象”而与之交往，要以建立正常的工作关系为目的。对领导既要尊重坦诚、实事求是，又要不卑不亢、交往得当。对领导庸俗地巴结奉承，一味地讨好献媚，不但有损于人格，而且会引起同事的反感和厌恶；但敬而远之、我行我素，或冷眼相对、傲慢无礼，甚至顶撞不尊、锋芒毕露，都是职场新人不应有的态度。

在任何时候，都要想到将工作干好，在工作方面与领导形成“共识”，学会适应领导，保持与领导同步。工作中注意正确领会领导的意图，对领导安排的工作兢兢业业，努力完成，这样也就具备了与领导建立良好关系的基本条件。

此外，还要注意维护领导的权威，不在背后贬低领导，不当众指责领导，愿意接受领导的批评指正，对他的工作只能补台不能拆台。对同一单位的领导，不要有亲疏远近之分，不能巴结一个而疏远其他，以免给自己的工作和生活带来麻烦。

想一想

在某机关工作的小王，去年毕业于某知名高校。一年中，她几乎每个月都要回母校一趟。毕业初期，怀着对公务员工作的向往，小王干劲十足。可是她渐渐发现许多工作无法按照自己意愿进行，和领导、同事的关系也远比同学关系复杂。郁闷时，她更加怀念大学生活，感叹好日子已一去不复返。

请问：小王应如何摆脱这种困境？

第二节　适应新环境

大学生习惯了相对单纯、清静、被动的校园生活，走上工作岗位后，一接触实际，常常会感觉到自身与社会之间存在着一些矛盾，工作当中有许多的困难。这些矛盾和困难导致了大学生对社会、对工作的不适应。在这些矛盾和困难面前，是面对现实、不怕挫折、积极适应，还是逃避现实、一蹶不振、消极退缩，这是大学生踏上工作岗位后首先应该思考的一个问题。

一、尽快融入团队

一份新的工作就是一种新的经历、一个新的环境。当你刚刚走出校门，踏入社会的时候，展现在你面前的是一个几乎完全陌生的环境。这时，如果能客观地审时度势，尽快完成从大学生到职业人士的角色转换，得心应手地展开工作当然最好。但如果无法适应新的工作环境，就要根据自己的具体情况分析其中的原因。一般情况下，不外乎是生理上、心理上和知识技能方面的原因。

（1）如果是身体上觉得疲惫不堪，就要学会有张有弛、忙而不乱、有条不紊地工作，这样自然能消除忙乱，适应工作。

（2）如果你的不适应是来自于复杂的人际关系，也不必过于烦恼，重要的是要把握住自己，既不要恃才傲物、自视清高，也不必缩手缩脚、羞于见人。尤其在处理同事间的关系上，要尽量做到以诚待人、热情得体、不卑不亢。

（3）如果是因为一时不能胜任工作而感到不适应，就应该正视问题，踏实地锻炼自己的业务能力，尽快熟悉业务工作。

砥节砺行

在现代社会，个体的力量是有限的，单靠个人能力来解决重大问题的可能性微乎其微，更多的成果是靠“集体大脑”来获取的。时代要求个体除了具备必要的专业技能以外，还必须具备与他人合作的能力。因此，大学生应该明确自己是团队的一份子，树立团队精神，强化团队意识，提高与人共事的人际交往能力和协作能力，增强民主意识、责任意识和进取心。

二、理智面对冷遇

大学毕业生走上社会，要想得到社会的承认，仅有一张大学毕业文凭是远远不够的。大学毕业生走上社会后遭到冷遇，这是经常发生的现象。要从冷遇的困境中挣脱出来，就要学会理智分析，正确对待。

（一）遭到冷遇的原因

当受到冷遇时，毕业生首先要从主观上找原因。一般来说，主要有以下几方面的原因：

（1）自以为满腹经纶，好高骛远，小事不愿做，大事做不来，领导难以为其安排合适的工作。

（2）对工作挑肥拣瘦，拈轻怕重，这山看着那山高。

（3）工作责任心不强，马虎了事，不能完成领导交代的任务。

（4）自以为少年老成，对时事妄加评论，造成不良影响。

（5）过于看重个人得失，不思奉献，“有利可图就干，无利可图就算”。

（6）没有摆正个人与集体、事业与家庭的关系。上岗不久，就“卿卿我我”“花前月下”，忙于为自己营造安乐窝。

（二）摆脱冷遇的途径

1．谦虚好学

大学生在校学习的多为基础理论知识。所以，大学毕业生工作后要虚心地向别人学习，绝不能自以为是。

2．踏实肯干

大学生到了工作岗位后，除了虚心学习以外，还要有实干精神。用人单位录用你，是为了解决工作、生产、科研中的实际问题，不是拿你当“花瓶”摆设。只要能苦干、实干，脚踏实地地干出一番成绩来，领导、同事一定会投以赞许的目光，冷遇自然会消失得无影无踪。

3．豁达大度

大学生走上工作岗位后，由于经验不足等原因，工作中遇到挫折和冷遇是在所难免的，有时不一定是自己的原因造成的，但无论如何，对待冷遇一定要沉着冷静、豁达大度，多从自身找原因，认真总结经验教训，这样才有利于问题的解决，否则只能使问题复杂化。

三、正确看待挫折

心理学家认为，挫折是个人从事有目的的活动时，由于受到障碍和干扰，其需要不能得到满足时的一种消极的情绪状态。受挫后，个人会出现紧张、焦虑、苦闷的心理状态，心理失去平衡。

就业时，大学毕业生怀着满腔憧憬和美好设想，想在工作中有所作为，但现实往往与理想有较大差距。不论从事何种工作，遭受挫折总是在所难免的。如果不能及时调整心态，正视挫折，便容易产生失落、消极情绪。有的人遭受挫折后，自责心理严重，垂头丧气，郁郁寡欢；有的人受挫后，不从主观找原因，把责任推卸给他人，为自己开脱辩解；有的人则将怨气发泄到别人身上，也不正确分析原因、总结教训，结果又重蹈覆辙；有的人遭受挫折后则万念俱灰、不能自拔。

面对挫折时，应当保持以下态度。

（一）进行积极的心理自我防卫，谋求心理平衡

例如，将内心愤懑的消极情绪转化为发奋图强、力争上进的积极情绪，“化悲痛为力量”，使心理得到升华；“重振雄风”，加倍努力工作，实现目标；改变工作方法，另行尝试；进行补偿，以期达到“失之东隅，收之桑榆”的效果等。

（二）正确认识工作的成败

一帆风顺固然可喜，遇到挫折也不要灰心，也许这一次挫折就是下一次成功的开始，只要看准目标，一步一个脚印地走下去，就会成功。到那时，再回头来看走过的路，挫折失败也许是人生的财富。

（三）勇于面对问题

遭受挫折并不可怕，怕的是不敢面对现实中的问题。有关专家建议，在遭受挫折后，要反问自己四个问题：问题到底是什么？问题的原因是什么？可能的解决方案有哪些？什么是最佳解决方案？坚持以上四问，并努力去解决它，就能真正“笑到最后”。

案例精选

两种态度，两种结果

小赵和小李同年大学毕业，同是市场部的职员，都是做市场营销的工作。两个人的能力不相上下，每月都能超额完成任务。有时候，小李的任务完成得比小赵的要漂

亮得多，但平时很少见到小李微笑的模样，工作一不顺利，他就大发牢骚，甚至冲同事发脾气。而小赵则为人乐观、爽快，有一种知足常乐的态度，他从不被困难吓倒，有时遇到难缠的客户，能自己解决就解决，同事中谁遇到不顺心的事儿，他也是个很不错的倾诉对象。去年年底，小赵晋升为市场部经理，而小李还是普通职员。

（资料来源：https://wenku.baidu.com/view/5bf7ac70f8c75fbfc67db28f.html，有改动）

四、虚心接受批评

以什么样的态度对待批评，反映出一个人的修养和思想道德水平，也对他的人际关系和工作绩效产生一定的影响。不同的人有着截然不同的态度：有的人勇于承认自己的错误，并诚恳地接受批评，总结教训并及时加以改正；有的人受到批评就丧失信心，萎靡不振，甚至自暴自弃；还有人一听到批评便怒火中烧，使领导和同事“敬而远之”。无疑，后两种态度是不可取的。

对刚刚参加工作的大学毕业生来说，“有则改之，无则加勉”“只要你说得对，我就照你说的办”，这才是对待批评的基本态度。而笑纳批评则是对初涉职场的大学生更高的要求。

此外，对别人善意的批评，不能反击，以免造成尴尬的局面，伤害感情；也不能找借口推脱责任，或默不作声。这两种态度看似是“消极抵抗”，而且也不利于批评者指出你的错误所在。无论采取什么态度对待批评，都要认真诚恳，心平气和。语言上接受了批评，接下来还要有实际行动。如果批评者没有道理，也不应该“耿耿于怀”，更不应该“借机报复”。

五、积极消除隔阂

每个人在与人交往的过程中都可能同他人产生隔阂。积极消除隔阂，促进人际关系的不断发展，是每个大学毕业生都要注意的问题。

人与人之间产生隔阂的原因是多种多样的，隔阂产生的原因不同，消除隔阂的方法也应有所不同。当你与他人有隔阂的时候，应冷静分析，找出原因，然后对症下药。

（1）交往双方不愿或很少展示真实的自我，从而引起双方对彼此交往的诚意产生怀疑而造成隔阂。如果出现这种隔阂，就应该坦诚相处，以心换心。只要我们抛弃“遇人只说三分话，未可全抛一片心”的旧观念，与人真诚相处，经常交流思想感情，就一定能消除隔阂。

（2）交往双方因某件事的误会而造成隔阂。对于这种隔阂，应该进行善意的解释，消除误会。每个人的性格脾气、文化修养、价值观念等存在一定的差异，观察问题、认识问题、处理问题的方法也各不相同。因此，在交际过程中出现一些误会是难免的。对此我们应该给予充分的理解，如果是你误会了别人，要耐心听取别人的解释，当真相大白之后，双方隔阂自会云消雾散。

（3）一方损害了对方的利益或伤害了对方的人格、感情，从而产生隔阂。出现这种情况，不管责任是否完全在你，也不论有意还是无意，你都应该真心实意、诚恳地向受害人道歉，求得谅解。只要你表现出足够的诚意和耐心，定会化干戈为玉帛，消除隔阂。

六、努力钻研业务

对于涉世不深、经验不足的大学毕业生来说，工作中出现某些差错和失误是难免的，但这并不意味着就可以理所当然地出现差错或失误。在实际工作中，还是应该尽可能地避免差错，或将其减少到最低限度。

首先，要在现任职业岗位上钻研业务，履行职责，很好地完成任务。学历、知识不等于能力，只有把知识应用于实践，它才可能转化为能力。

其次，要正视薄弱环节并加以改进。每个人都有自己的缺点和不足，而缺点和不足往往是造成工作失误的主要根源。因此，在具体的工作中要注意弥补自己的缺点和不足。

再次，要培养良好的职业品德，树立正确的职业理想和职业价值观，具有忠于职守、敬业乐业、献身事业的精神，秉持严肃认真、实事求是的劳动态度，保持一丝不苟、精益求精的工作作风。这些品德不仅是做好工作、开辟未来道路的需要，而且是自己能够处理好各种人际关系的必要条件，是取得同事认可和领导赏识的基本依据。

第三节　新的工作岗位上应注意的事项

大学毕业生刚参加工作，会遇到一个与学校完全不同的环境，总结近些年大学毕业生所遇到的问题与困境，应该注意以下事项。

一、积极主动

到了工作单位后，就要处处把自己当职业人看待，努力学习实践知识，寻找、创造锻炼业务能力的机会。上班伊始，领导可能不会交给你过多的工作，这时千万不要呆坐不动，要尽量使自己忙碌，诸如翻阅一些与工作有关的文件资料，或主动请教一些工作问题，以展示你的工作热忱。要给同事和领导留下好印象，就要做到眼勤、手勤、腿勤，多想、多问、多做。

此外，要做到每天早上班，晚下班。尽量每天提前一点时间上班，推迟一点时间下班。即使没有任何特殊或太多的工作要做，也要利用办公以外的时间多做一些服务性的劳动，如打开水、打扫卫生、整理内务等。

积极主动的工作态度总是很受人欢迎的，领导和同事都喜欢工作积极、态度认真、学习刻苦的新同事。

二、诚信踏实

初到工作岗位，要严格遵守单位的规章制度，与人交往不失约、不失信，这会有助于你树立诚实守信的印象。相反，没有时间观念，不遵守劳动纪律，消极被动地等待工作，不守约，不守信，便不可能赢得别人的信赖和尊敬。同时，在外要对本单位的人、事、物严守秘密，对内要真诚地对待本单位的事务，这也是现代企业对员工的重要纪律要求。

三、不斤斤计较

大学毕业生刚开始工作时要树立远大的理想，正确处理好赚钱与提升能力的关系。如果一味计较眼前的小名小利，信奉功利主义至上，而不是把主要精力放在能力的提升和发展领域的拓展上，就会停滞不前，毫无前途可言。

此外，要认识到工作待遇是对能力的奖励，越有能力的人，待遇越好。因此，刚毕业的大学生不要过于功利、过于急躁，最好在本职岗位上踏实学习，积累经验，锻炼能力，积聚人脉，树立专业形象，这样才会有功成名就、前途无量的一天。

案例精选

做不抱怨的员工

小溪大学毕业后进入一家出版社担任编辑，由于文笔出色、工作认真，赢得了领导和同事的一致好评。不过，出版社提供给新员工的薪水比较低。工作了一段时间后，有的新员工开始抱怨："原以为进了这家出版社能拿到很好的薪水和福利，没想到工作都快一年了，也没涨过工资。"

当时出版社正在进行一系列图书的编辑工作，每人都分配了不少任务。然而，出版社领导并没有打算增加人手，所以编辑部的人经常会被派往发行部去帮忙。这样一来，不仅新员工，就连老员工也开始出现不满情绪，整个编辑部只有小溪乐意接受领导的指派。

两年以后，当初和小溪一起入社的员工，有的已经辞职，有的虽然还在编辑部，但薪水和待遇仍然没有太大提升。而小溪不但薪水翻了几倍，还当上了编辑部的负责人。

（资料来源：http://m.sohu.com/a/161170503_748488，有改动）

四、不损公肥私

大学生就业伊始，要树立正确的职业道德观，遵纪守法，遵守单位的规章制度，具体要做到：不把单位的一些东西据为己有；不利用自己职务之便，谋取私利；不占用办公电话谈私人事情；不收受贿赂，贪赃枉法。尤其是在国家单位、公务部门工作的人员，损公肥私、自私自利的行为会损害国家和人民的利益，最终要受到法律的惩处。

五、不找借口

大学生刚参加工作，工作不适应、工作中出现差错是难免的，但千万不要把不适应、不熟悉当借口，而要从自身主观方面找原因。不适应业务工作，要学习；不适应人际关系，要改善；不适应生活习惯和节奏，要克服；不适应紧张压力，要锻炼；不熟悉业务流程，要尽快熟悉和掌握。只有这样，才可以尽快进入新角色。

六、不抱怨

有些大学毕业生心高气傲，总是抱怨让自己从事简单工作是大材小用；抱怨待遇不能体现自己的价值；抱怨工作条件太差；抱怨要加班加点；抱怨福利太少；抱怨身边同事文化低、素质低；抱怨没人理解自己；抱怨领导不是伯乐，发现不了自己的“真才实学”和“鸿鹄之志”。

作为有远大志向的年轻人，不应挑剔工作，也不应提过高要求。即使所分配的工作难以胜任或兴趣不浓，也要先接受下来，力争做好。对于生活、工作条件，也不要提过高要求或计较一时的个人得失，而要有发展的眼光，追求个人的长远发展。

拓展阅读

职场新人绝对不能有的7种心理

1．经常抱怨工作

每个办公室里总会有那么一群人，他们总是喜欢抱怨工作，数落工作及生活中的种种不满，经常一副自怜自艾的神情。你应该远离这样的人，并且努力让自己不要成为这样的人。工作中大家都有压力，过多的抱怨只会让自己整天处于负面情绪当中，既让自己无法顺利完成自己的工作，又会让本来安心工作的人也被负面情绪所影响。

2．过分消极

有些人对公司的发展没有信心、担心工资无法按时发放……事实上，即使公司业务正蒸蒸日上，也免不了他/她的这番担心。总是患得患失的人，内心能量弱，行动力不高，而且还会对整体团队发展产生很大的影响，容易扰乱军心。

3．急于求成

总是有人不能脚踏实地，总在幻想着一步登天。在办公室里，这样的人喜欢邀功，做事又不够踏实，很容易破坏团队的协作和平衡，也容易带动其他人跟他一样急功近利，做事没有基础，更容易失败。

4．办公室冷暴力

办公室里的人际交往对于工作的开展有着很大的影响，办公室冷暴力是造成员工工作压力甚至辞职的重要因素。工作的时候不愿意协同同事、故意疏远同事，甚至有意给同事设置障碍等，冷淡地处理同事之间的关系，最终会导致人心背离，缺乏工作战斗力。

5．自卑

过分的自卑表现为既担心得罪同事，又担心做错事会被领导批评，做事情总是一副畏畏缩缩的样子，甚至不敢承担任何重任。这种人不会被同事所容纳，更不会得到领导的重用。

6．敌视别人的进步

工作中充满了竞争，有些人看到别人不停进步时心生恨意，认为对方进步都是领导偏心或者同事耍手段，而不会从自身思考问题。一味地敌视别人的进步，只会让自己处于被动，在负面情绪的影响下，更难有好的发展。

7．懒散

每个人多多少少都会有一些惰性，在工作时一定要克服。懒散不但影响工作效率，更会影响公司整体的工作。更重要的是，这种懒散的态度会在办公室里传播，尤其是新人，到最后有可能会导致整个工作氛围都变得懒散低效，这样的人最容易被社会淘汰。

（资料来源：https://wenku.baidu.com/view/83e5e321bf1e650e52ea551810a6f524cdbfcb18.html，有改动）

实践拓展

1. “无敌风火轮”

（1）游戏类型：团队协作竞技型。

（2）道具要求：报纸、胶带。

（3）场地要求：一片空旷的大场地。

（4）游戏时间：10 分钟左右。

（5）游戏玩法：12～15 人一组，利用报纸和胶带制作一个可以容纳全体团队成员的封闭式大圆环。将圆环立起来，全队成员站到圆环上，边走边滚动大圆环。

（6）活动目的：本游戏主要为培养队员团结一致、密切合作、克服困难的团队精神；培养计划、组织、协调能力；培养服从指挥、一丝不苟的工作态度；增强队员间的相互信任和理解。

2. “齐眉棍”

（1）游戏类型：团队协作型。

（2）道具要求：3 米长的木棍。

（3）场地要求：开阔的场地一块。

（4）游戏人数：10～15 人。

（5）游戏时间：30 分钟左右。

（6）游戏玩法：全体分为两队，队员相向站立，共同用手指将一根木棍放到地上，手离开木棍即失败。这是一个看似简单但却最容易出现失误的游戏，意在考查团队是否同心协力。

（7）活动目的：在团队中，如果遇到困难或出现了问题，很多人马上会找别人的不足，却很少寻找自己的问题。这个游戏将告诉大家：“照顾好自己就是对团队最大的贡献”；提高队员在工作中相互配合、相互协作的能力；统一的指挥加上所有队员共同努力，对于团队成功起着至关重要的作用。

附录

霍兰德职业索引——职业兴趣代码与其相应的职业对照表

R（实用型）：木匠、农民、操作 X 光的技师、工程师、飞机机械师、鱼类和野生动物专家、自动化技师、机械工（车工、钳工等）、电工、无线电报务员、火车司机、长途汽车司机、公共汽车司机、机械制图员、机器修理师、电器师。

I（研究型）：气象学者、生物学者、天文学者、药剂师、动物学者、化学家、科学报刊编辑、地质学者、植物学者、物理学者、数学家、实验员、科研人员、科技作者。

A（艺术型）：室内装饰专家、图书管理专家、摄影师、音乐教师、作家、演员、记者、诗人、作曲家、编剧、雕刻家、漫画家。

S（社会型）：社会学者、导游、福利机构工作者、咨询人员、社会工作者、社会科学教师、学校领导、公共保健护士。

E（企业型）：推销员、进货员、商品批发员、旅馆经理、饭店经理、广告宣传员、调度员、律师、政治家、零售商。

C（事务型）：记账员、会计、银行出纳、法庭速记员、成本估算员、税务员、核算员、打字员、办公室职员、统计员、计算机操作员、秘书。

下面介绍与霍兰德代码对应的职业类型，对照的方法如下：首先根据代码，在下表中找出相应的职业。例如，若代码是 RIA，那么牙科技术人员、陶工等是适合该代码兴趣类型的职业。然后可以寻找与该代码相近代码的职业。例如，若代码是 RIA，那么由这三个字母组合成的其他编号（如 IRA、IAR、ARI 等）对应的职业，也较适合该代码对应的兴趣类型。

RIA：牙科技术员、陶工、建筑设计员、模型工、细木工、链条制作人员。

RIS：厨师、林务员、跳水员、潜水员、染色员、电器修理工、眼镜制作员、电工、纺织机器装配工、服务员、装玻璃工人、发电厂工人、焊接工。

RIE：建筑和桥梁工程、环境工程、航空工程、公路工程、电力工程、信号工程、电话工程、一般机械工程、自动工程、矿业工程、海洋工程、交通工程技术人员、制图员、家政经济人员、计量员、农民、农场工人、农业机械操作员、清洁工、无线电修理工、汽车修理工、手表修理工、管工、线路装配工、工具仓库管理员。

RIC：船上工作人员、接待员、杂志保管员、牙医助手、制帽工、磨坊工、石匠、机器制造工、机车（火车头）制造工、农业机器装配工、汽车装配工、缝纫机装配工、钟表装配和检验员、电动器具装配工、鞋匠、锁匠、货物检验员、电梯机修工、托儿所所长、钢琴调音员、装配工、印刷工、建筑钢铁工、卡车司机。

RAI：手工雕刻、玻璃雕刻、制作模型人员、家具木工、制作皮革品人员、手工绣花人员、手工钩针纺织人员、排字工作者、印刷工作者、图画雕刻人员、装订工。

RSE：消防员、交通巡警、警察、门卫、理发师、房间清洁工、屠夫、锻工、开凿工人、管道安装工、出租汽车驾驶员、货物搬运工、送报员、勘探员、娱乐场所服务员、起卸机操作工、灭害虫者、电梯操作工、厨房助手。

RSI：纺织工、编织工、农业学校教师、某些职业课程教师（如艺术、商业、技术、工艺课程等）、雨衣上胶工。

REC：抄水表员、保姆、实验室动物饲养员、动物管理员。

REI：轮船船长、航海领航员、大副、试管实验员。

RES：旅馆服务员、家畜饲养员、渔民、渔网修补工、水手长、收割机操作工、搬运行李工人、公园服务员、救生员、登山导游、火车工程技术员、建筑工作者、铺轨工人。

RCI：测量员、勘测员、仪表操作者、农业工程技术员、化学工程技师、民用工程技师、石油工程技师、资料室管理员、探矿工、煅烧工、烧窖工、矿工、保养工、磨床工、取样工、样品检验员、纺纱工、炮手、漂洗工、电焊工、锯木工、刨床工、制帽工、手工缝纫工、油漆工、染色工、按摩工、木匠、农民建筑工作、电影放映员、勘测员助手。

RCS：公共汽车驾驶员、一等水手、游泳池服务员、裁缝、建筑工作者、石匠、烟囱修建工、混凝土工、电话修理工、爆炸手、邮递员、矿工、裱糊工人、纺纱工。

RCE：打井工、吊车驾驶员、农场工人、邮件分类员、铲车司机、拖拉机司机。

IAS：普通经济学家、农场经济学家、财政经济学家、国际贸易经济学家、实验心理学家、工程心理学家、哲学家、内科医生、数学家。

IAR：人类学家、天文学家、化学家、物理学家、医学病理学家、动物标本剥制者、化石修复者、艺术品管理者。

ISE：营养学家、饮食顾问、火灾检查员、邮政服务检查员。

ISC：侦察员、电视播音室修理员、电视修理服务员、验尸室人员、编目录者、医学实验室技师、调查研究者。

ISR：水生生物学者，昆虫学者、微生物学家、配镜师、矫正视力者、细菌学家、牙科医生、骨科医生。

ISA：实验心理学家、普通心理学家、发展心理学家、教育心理学家、社会心理学家、临床心理学家、目标学家、皮肤病学家、精神病学家、妇产科医师、眼科医生、五官科医生、医学实验室技术专家、民航医务人员、护士。

IES：细菌学家、生理学家、化学专家、地质专家、地理物理学专家、纺织技术专家、医院药剂师、工业药剂师、药房营业员。

IEC：档案保管员、保险统计员。

ICR：质量检验技术员、地质学技师、工程师、法官、图书馆技术辅导员、计算机操作员、医院听诊员、家禽检查员。

IRA：地理学家、地质学家、声学物理学家、矿物学家、古生物学家、石油学家、地震学家、声学物理学家、原子和分子物理学家、电学和磁学物理学家、气象学家、设计审核员、人口统计学家、数学统计学家、外科医生、城市规划家、气象员。

IRS：流体物理学家、物理海洋学家、等离子体物理学家、农业科学家、动物学家、食品科学家、园艺学家、植物学家、细菌学家、解剖学家、动物病理学家、作物病理学家、药物学家、生物化学家、生物物理学家、细胞生物学家、临床化学家、遗传学家、分子生物学家、质量控制工程师、地理学家、兽医、放射性治疗技师。

IRE：化验员、化学工程师、纺织工程师、食品技师、渔业技术专家、材料和测试工程师、电气工程师、土木工程师、航空工程师、行政官员、冶金专家、原子核工程师、陶瓷工程师、地质工程师、电力工程师、口腔科医生、牙科医生。

IRC：飞机领航员、飞行员、物理实验室技师、文献检查员、农业技术专家、动植物技术专家、生物技师、油管检查员、工商业规划者、矿藏安全检查员、纺织品检验员、照相机修理者、工程技术员、程序编码人员、工具设计者、仪器维修工。

CRI：簿记员、会计、计时员、铸造机操作工、打字员、按键操作工、复印机操作工。

CRS：仓库保管员、档案管理员、缝纫工、讲述员、收款人。

CRE：标价员、实验室工作者、广告管理员、自动打字机操作员、电动机装配工、缝纫机操作工。

CIS：记账员、顾客服务员、报刊发行员、土地测量员、保险公司职员、会计师、估价员、邮政检查员、外贸检查员。

CIE：打字员、统计员、支票记录员、订货员、校对员、办公室工作人员。

CIR：校对员、工程职员、海底电报员、检修计划员。

CSE：接待员、通讯员、电话接线员、卖票员、旅馆服务员、私人职员、商学教师、旅游办事员。

CSR：运货代理商、铁路职员、交通检查员、办公室通信员、簿记员、出纳员、银行财务职员。

CSA：秘书、图书管理员、办公室办事员。

CER：邮递员、数据处理员、办公室办事员。

CEI：推销员、经济分析家。

CES：银行会计、记账员、法人秘书、速记员、法院报告人。

ECI：银行行长、审计员、信用管理员、地产管理员、商业管理员。

ECS：信用办事员、保险人员、各类进货员、海关服务经理、售货员，购买员、会计。

ERI：建筑物管理员、工业工程师、农场管理员、护士长、农业经营管理人员。

ERS：仓库管理员、房屋管理员、货栈监督管理员。

ERC：邮政局长、渔船船长、机械操作领班、木工领班、瓦工领班、驾驶员领班。

EIR：科学、技术和有关周期出版物的管理员。

EIC：专利代理人、鉴定人、运输服务检查员、安全检查员、废品收购人员。

EIS：警官、侦察员、交通检验员、安全咨询员、合同管理者、商人。

EAS：法官、律师、公证人。

EAR：展览室管理员、舞台管理员、播音员、驯兽师。

ESC：理发师、裁判员、政府行政管理员、财政管理员、工程管理员、职业病防治、售货员、商业经理、办公室主任、人事负责人、调度员。

ESR：家具售货员、书店售货员、公共汽车的驾驶员、日用品售货员、护士长、自然科学和工程的行政领导。

ESI：博物馆管理员、图书馆管理员、古迹管理员、饮食业经理、地区安全服务管理员、技术服务咨询者、超级市场管理员、零售店店员、批发商、出租汽车服务站调度员。

ESA：博物馆馆长、报刊管理员、音乐器材销售员、导游、（轮船或班机上的）事务长、飞机上的服务员、船员、法官、律师。

ASE：戏剧导演、舞蹈教师、广告撰稿人，报刊、专栏作者、记者、演员、英语翻译。

ASI：音乐教师、乐器教师、美术教师、管弦乐指挥，合唱队指挥、歌星、演奏家、哲学家、作家、广告经理、时装模特。

AER：新闻摄影师、电视摄影师、艺术指导、录音指导、丑角演员、魔术师、木偶戏演员、骑士、跳水员。

AEI：音乐指挥、舞台指导、电影导演。

AES：流行歌手、舞蹈演员、电影导演、广播节目主持人、舞蹈教师、口技表演者、喜剧演员、模特。

AIS：画家、剧作家、编辑、评论家、时装艺术大师、新闻摄影师、男演员、文学作者。

AIE：花匠、皮衣设计师、工业产品设计师、剪影艺术家、复制雕刻品大师。

AIR：建筑师、画家、摄影师、绘图员、环境美化工、雕刻家、包装设计师、陶器设计师、绣花工、漫画工。

SEC：社会活动家、退伍军人服务官员、工商会事务代表、教育咨询者、宿舍管理员、旅馆经理、饮食服务管理员。

SER：体育教练、游泳指导。

SEI：大学校长、学院院长、医院行政管理员、历史学家、家政经济学家、职业学校教师、资料员。

SEA：娱乐活动管理员、国外服务办事员、社会服务助理、一般咨询者、宗教教育工作者。

SCE：部长助理、福利机构职员、生产协调人、环境卫生管理人员、戏院经理、餐馆经理、售票员。

SRI：外科医师助手、医院服务员。

SRE：体育教师、职业病治疗者、体育教练、专业运动员、房管员、儿童家庭教师、警察、引座员、传达员、保姆。

SRC：护理员、护理助理、医院勤杂工、理发师、学校儿童服务人员。

SIA：社会学家、心理咨询者、学校心理学家、政治科学家、大学或学院的系主任、大学或学院的教育学教师、大学农业教师、大学工程和建筑课程的教师、大学法律教师、大学数学、医学、物理、社会科学和生命科学的教师、研究生助教、成人教育教师。

SIE：营养学家、饮食学家、海关检查员、安全检查员、税务稽查员、校长。

SIC：描图员、兽医助手、诊所助理、体检检查员、监督缓刑犯的工作者、娱乐指导者、咨询人员、社会科学教师。

SIR：理疗员、救护队工作人员、手足病医生、职业病治疗助手。

参考文献

[1] 李业明．职业生涯规划 [M]．上海：上海交通大学出版社，2018.

[2] 张普权．大学生职业生涯规划与就业指导 [M]．上海：上海交通大学出版社，2018.

[3] 刘平．大学生就业与创业指导 [M]．北京：清华大学出版社，2016.

[4] 何小姬．就业指导——理论、案例与实训 [M]．北京：中国人民大学出版社，2015.

[5] 刘怡娟．职业生涯规划：从职场走向成功的第一步 [M]．北京：中国人民大学出版社，2013.

[6] 钟思嘉，金树人．大学生职业生涯规划：自主与自助手册 [M]．北京：高等教育出版社，2017.

[7] 米衣军，李琳琳．引入职业生涯规划设计理论指导高校学生社会实践活动 [J]．职教论坛，2011（8）：75-77.

[8] 刘雨涛．高职学生职业选择影响因素调查研究：基于对广东省三所高职院校的调查分析 [J]．职业教育研究，2011（01）：85-87.

[9] 孙晃．高职院校学生职业生涯规划与就业创业指导 [M]．苏州：苏州大学出版社，2016.

[10] 王兆明，顾坤华．大学生职业生涯规划 [M]．苏州：苏州大学出版社，2014.

[11] 陶德胜，李世明，邹艳星．大学生职业生涯规划与就业创业指导（修订版） [M]．苏州：苏州大学出版社，2017.

[12] 杨文秀，宋志斌．职业生涯规划和就业指导 [M]．北京：人民卫生出版社，2014.

[13] 王占军．大学生职业生涯规划咨询案例精编 [M]．上海：华东师范大学出版社，2017.